U0851851

BEIJING CHENGSHI GUIDAO JIAOTONG
WANGLUOHUA YUNYING

北京城市轨道交通网络化运营

北京城市轨道交通网络化运营研究课题组 编著

中国铁道出版社
CHINA RAILWAY PUBLISHING HOUSE

内 容 简 介

本书共8章。内容包括绪论、国内外城市轨道交通网络化运营现状和趋势、城市轨道交通网络化运营的特点及分析、北京城市轨道交通网络化运营发展及面临的问题、北京城市轨道交通网络化运营研究需求、北京城市轨道交通网络化运营研究时序、北京城市轨道交通网络化运营关键技术选择、结论与建议、北京城市轨道交通网络化运营研究调查与分析报告、北京城市轨道交通网络化运营研究考察报告。

图书在版编目(CIP)数据

北京城市轨道交通网络化运营/《北京城市轨道交通网络化运营研究》课题组编著. —北京:中国铁道出版社,2011.04

ISBN 978-7-113-12401-4

Ⅰ.①北… Ⅱ.①北… Ⅲ.①城市铁路—交通网—交通运输管理—研究—北京市 Ⅳ.①U239.5

中国版本图书馆CIP数据核字(2010)第252473号

书　　名: **北京城市轨道交通网络化运营**
作　　者: 北京城市轨道交通网络化运营研究课题组

责任编辑: 熊安春　陈若伟　　电话: 010-51873078　　电子信箱: td6170@263.net
封面设计: 崔丽芳
责任校对: 焦桂荣
责任印制: 陆　宁

出版发行: 中国铁道出版社(100054, 北京市宣武区右安门西街8号)
网　　址: http://www.tdpress.com
印　　刷: 三河兴达印务有限公司
版　　次: 2011年4月第1版　2011年4月第1次印刷
开　　本: 787 mm×1 092 mm　1/16　印张: 10.75　字数: 195千
书　　号: ISBN 978-7-113-12401-4
定　　价: 28.00元

项目参加单位及人员：

北京市交通委员会

葛　昱　邹　迎

北京市地铁运营有限公司

周继波　郑凤霞　顾庆宜　潘晓军　楚柏青　李胜利
黄文明　徐维亚　李卫军　康海燕　王　娟　郑世玫
吴晶晶　刘　正　马　剑　岳　芳　吴　倩

北京轨道交通路网管理有限公司

梁　平　杨　阳　孙　方　王金利　李　平　刘利忠
杨　萍　汪　波　郝庆玲　黄天璐　赵路敏

北京交通发展研究中心

孙壮志　孙明正　许　娟　刘剑峰　胡超凡　李春艳
陈　峰　孙福亮

本书编写人员：

李胜利　李卫军　常　虹　康海燕　王　娟　苏永棠　徐维亚

序

北京的城市轨道交通是北京市的城市公益性基础设施，是一个涉及面广、综合性很强的系统工程。随着城市现代化进程的加快，轨道交通迎来了网络化运营的新时代。本书在对北京城市轨道交通网络化运营状况进行调查分析的基础上，以其面临的问题为切入点，提出网络化运营需求及其重要程度、关键技术，具有现实指导意义，并将为逐步开展网络化运营研究提供科学的决策依据。

北京作为一个国际化的大都市，其城市轨道交通体系正处于发展阶段，本书着眼于北京城市轨道交通体系发展过程中所面临的网络化运营问题，对于我国城市轨道交通网络化发展将提供一些可供借鉴的经验，当然，各个城市不可能完全照搬任何一套城市轨道交通体系，要立足自我，结合自身城市特点，把借鉴、消化、吸收先进、成熟、可靠的技术与研发、试验验证、自主创新相结合，系统集成，才能形成符合自身特点的轨道交通体系。北京城市轨道交通的网络化运营研究是我国城市轨道交通网络化运营的前期的、基本层面的研究，但它将为我国城市轨道交通网络化的运营体系的研究奠定基础，将为更深层面的技术性、应用性研究提供一个指导方向。

城市轨道交通发展的目标就是要从人民群众的切身利益出发，促进城市的和谐发展，即从舒适性、效率性、安全性等层面为乘客提供一个满意的乘坐空间，并缓解城市的交通压力、保护城市环境、合理利用城市资源。城市轨道交通网络化运营体系的研究，其主旨也正是本着“以人为本”的原则，来实现城市轨道交通的可持续发展。本书的出版将为解决城市轨道交通网络化运营中的实际问题、建立网络化运营体系提供一些有价值、可借鉴的实用性的技术方法和思路，并将促进相关领域更深入的研究，为创造和谐的城市交通环境贡献一份力量。

中国交通运输协会
城市轨道交通专业委员会主任 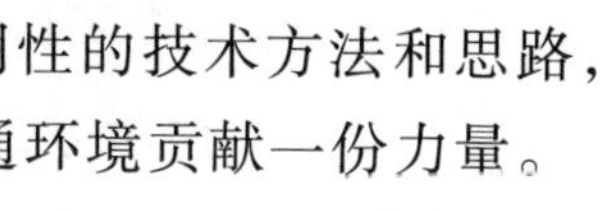

2011. 1. 8

前　言

随着社会经济的快速发展，城市轨道交通在北京公共交通出行中所占的比例逐年提高，已经成为“新北京交通体系”支柱型的重要交通工具，城市轨道交通也逐步由单线运营发展为网络化运营，在轨道交通路网快速发展的时期，对科学的运营组织和管理提出了更高和更紧迫的要求。北京城市轨道交通在网络化条件下的安全运营、提高运力、集中控制管理以及新线接管等方面都面临着诸多的压力和挑战。2008 年北京市科学技术委员会下达编号为 Z06090100030897“北京城市轨道交通网络化运营研究”和编号为 Z08050602560801“北京地铁运营安全技术需求分析与技术选择研究”课题项目，本书的内容则源自以上两项研究的成果。

城市轨道交通网络化运营是指对线路与线路之间通过节点实现物理链接所形成的城市轨道交通客运路网，采取综合协调、集中控制、资源共享的经营行为和进行安全保障、提高服务质量的管理。本书从国内外城市轨道交通网络化运营发展概况以及北京城市轨道交通网络化运营发展中面临的问题出发，提出网络化运营需求及关键技术，对于网络化运营的研究方向和方法选择提供一整套思路，为进一步开展城市轨道交通的网络化研究奠定基础，并将为最终建立高效、和谐的网络化运营体系，推动我国城市轨道交通网络化运营的发展提供科学的决策依据。

本书在编著过程中，参考了大量的文献资料，并借鉴了一些国内外专家学者的研究成果，凝聚了课题组成员的共同努力，也得到了各相关单位的大力支持，在此对为本书出版做出贡献的全体参编者表示敬意，同时也对出版社编辑们的辛勤工作表示衷心的感谢！

由于受时间和水平所限，错误和疏漏之处在所难免，恳请读者给予指正。

编　者

2010 年 10 月 12 日

目　录

附录一 北京城市轨道交通网络化运营研究调查与分析报告

附录二 北京城市轨道交通网络化运营研究考察报告

1 绪　　论

1.1 研究目的和意义

(1)目的

本课题项目是为北京市科学技术委员会主题计划的指南编制以及为2010年度重大科技项目的凝练和预算提供服务,为北京市政府的公共交通政策和企业的运营管理决策提供重要参考依据。

本项目在对国内外城市轨道交通网络化运营发展历程的调查以及北京城市轨道交通网络化发展中面临问题的调查和分析后,针对北京城市轨道交通网络化运营发展需要解决的问题,提出今后需要研究的项目和研究的内容,也就是从网络化运营的需求中提出研究问题的主攻方向。

本项目针对北京城市轨道交通网络化运营需求研究的提出,通过对研究项目重要度的调查和研究项目的时序,为能够抓住重要项目及早投入到实际需求中,并且尽快解决北京城市轨道交通网络化运营所面临的问题,提出急需解决的综合研究项目和实施目标。

(2)意义

为把北京城市轨道交通网络化运营需求的研究纳入北京市科委凝练和确立的重大科技主题项目和计划中,确定年度支持重点领域和重要项目,最终为推动北京市城市轨道交通网络化运营健康、有序地发展提供科学完整的决策依据。

通过本项课题的研究,为建立安全、高效的北京城市轨道交通网络化运营,为合理配置既有资源、统一协调线网指挥、保障综合信息的互联互通和适应网络化运营的健全法制法规及标准等方面做进一步的研究提供理论依据,为真正改善北京市交通环境、带动北京市经济发展、促进社会和谐起到积极的促进作用。

1.2 技术路线

(1)国内外城市轨道交通网络化的现状调查与趋势研究

结合国内外典型城市的轨道交通网络化运营的案例分析,总结其发展规律和特点以及面临问题的解决方法,借鉴其成功的经验。

(2)北京城市轨道交通网络化运营需求的分析与研究

■ 调查北京城市轨道交通网络化运营现状

在调查北京城市轨道交通网络化运营的现状中，了解具备网络化管理功能的北京市轨道交通指挥中心对突发事件处置能力和统一维护管理以及清分中心具备的票务清算功能、了解北京地铁的运输组织和设施配备能力以及为了适应网络化运营所进行的组织和管理方面的变革措施等等。

■ 北京城市轨道交通网络化运营的需求研究和分析

在调查基础上，综合分析并找出北京城市轨道交通网络化运营中正在面临的迫切需要解决以及未来需要解决的问题，列出研究项目及研究方向。

(3)北京城市轨道交通网络化运营解决方案排列时序的研究

为使今后各项目按一定的先后顺序展开研究，需要根据网络化运营急需解决的问题及其重要程度，按照轻重缓急的步骤确定研究项目的实施执行计划。

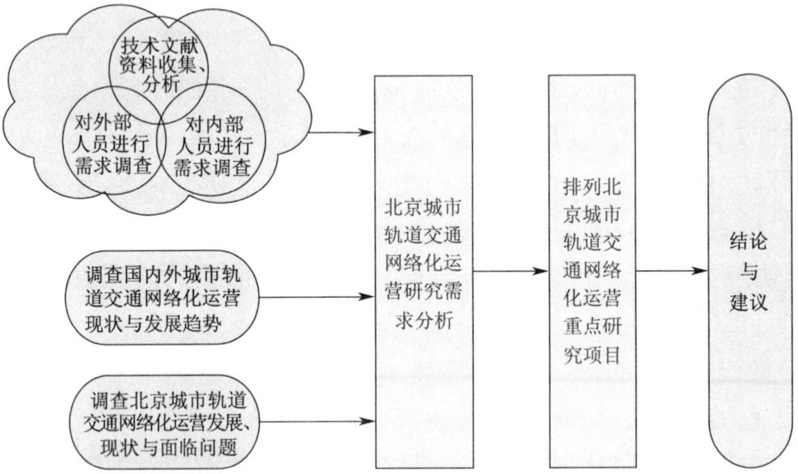

1.3 创新之处

(1)研究思路和研究方法方面的创新

①在确定研究思路方面，不仅通过类比法对国内外城市轨道交通网络化发展状况进行资料收集和实地调查，对发展趋势进行同类技术的比对，还通过归纳法分析了网络化运营的具体特征、特点及网络化与单线运营组织的不同，由此而明确了北京城市轨道交通网络化运营的发展方向，确立了研究的主题及明确了研究中六大研究需求的目标。

②本项研究密切结合运营生产实际，通过对专家及技术人员和管理人员的调查和座谈，使用例证法将其提供的详实运营资料作为需要解决问题的例证，使其成为本研究的集中点和解决问题的目标。再根据相关资料和目前网络化发展的技术理论的支持，从而确立了研究的需求。

③通过比较法从国内外轨道交通发展中找出了北京轨道交通与之存在的差距，理清北京城市轨道交通网络化运营中面临的问题，提出解决问题的思路。

(2)全面分析了北京城市轨道交通网络化运营的需求

本项目从网络化运营入手，全方位、多角度、较深入地探讨了北京城市轨道交通网络化运营中存在的问题以及急需要解决的问题。

本项研究不仅系统地把握住了北京城市轨道交通网络化运营发展的目标，而且还通过梳理国内外不同城市轨道交通网络的特点和特征以及技术方法，指出北京城市轨道交通网络化发展需要关注的各个方面，为相关部门提供了借鉴性的研究内容。

本项研究引进网络化运营的先进理念，突破和改变了一些传统运营组织模式，打破了一些固有的、只从局部或单条线运营角度看问题的思路，从网络化运营的全局高度出发，更加关注其协调、共享、标准化等方面，对于提高对网络化运营的认识和理解具有重要意义，将使北京城市轨道交通网络化运营组织技术及管理意识等提升到一个更高的层次。

(3)对所列的课题项目进行重要度调查和时序研究

利用专家打分的方式，确定研究项目的实施。在研究项目和相关论述内容确立之后，由相关人士和专业技术人员站在各自不同专业技术的角度，本着关注网络化运营全局利益的原则打分。之后，利用层次分析法和因素分析方法进行分析、时序研究，在此基础上总结、归纳以及比较两种算法得出的结论，最终提出若干最具代表性、最迫切需要解决的综合性研究项目。

2 国内外城市轨道交通网络化运营现状和趋势

自从1863年伦敦开通第一条城市地铁后，轨道交通开始涉及到城市交通服务领域。随着城市轨道交通线路的不断增多，运营组织管理随之由单线运营进入网络运营，城市轨道交通网络化运营通过车站与线路的有效衔接，形成规模大、功能强的客运网络，线路之间和车站之间实现互联、互通、互动、资源共享，从而满足城市公共交通和乘客出行的需求。世界城市轨道交通网络化运营的管理经验，对于北京的城市轨道交通网络化运营研究起到借鉴作用。

2.1 国外城市轨道交通网络化运营发展及管理状况

2.1.1 东　　京

(1)运营管理

东京地铁由两家公司组织运营，东京都交通局和东京地铁公司。其中东京都交通局负责管辖浅草线、三田线、新宿线、大江户线，共计109 km；东京地铁公司管辖9条线路，银座线、丸之内线、日比谷线、东西线、千代田线、有乐町线、半藏门线、南北线、副都心线，共195.1 km，车站179座，日运送620万人；保有列车数近2 700辆，列车平日走行约10万km，开行列车5 600列，休息日约8万km，开行列车4 400列；列车编组为6～10节；早高峰运行最小间隔时间是丸之内线1 min50 s，早高峰最长间隔时间是南北线3 min45 s。一天运送旅客约626万人。

为了解决换乘车站拥挤、乘客换乘时间过长、列车设备资源共享等诸多问题，东京地铁与JR及其他私营铁路公司联合协商，开始提供不同地铁公司间、地铁与JR、私营铁路线路的直通运营服务。列车直通运营服务后，乘客不必下车就可以换乘到其他公司的线路上，列车车载两套设备适应两条线路上的信号制式，并在两家不同公司的线路间轮换乘务员。虽然东京地铁目前总运营里程195.1 km，但直通运营区间达到了440.1 km。

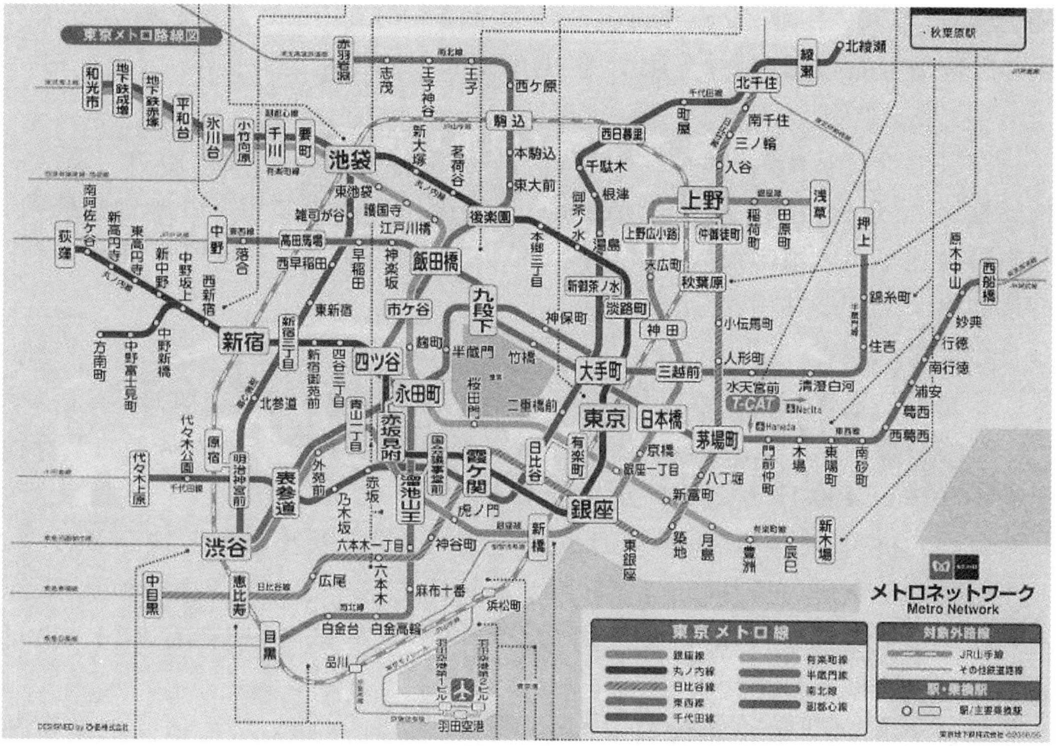

图 2－1　东京地铁线网图

(2)协调管理

在北千柱站有 5 条地铁线路相交,分属 4 个公司管辖。在多家运营商管理的格局下,运营商之间的协调问题由各家之间签订协议自行协调,在换乘点的事务处理以及直通运营线路的事务处理上,以线路财产归属进行划分,谁的线路谁负责。当线路发生突发事件时,如地震、火灾和恐怖等,由指挥中心进行统一协调指挥。

(3)调度指挥

建立综合调度中心,保障运营安全。综合调度中心将原有的行车调度和供电调度中心合并,并且增设了车辆调度、设施调度和信息调度,形成了一体化调度系统。所有调度都集中在一个大厅中,通过相互间的密切配合,掌握正确信息。线路调度岗位按照线路分别设置,突发事件时,统一协调指挥。

信息调度负责收集本公司线路和其他公司线路的行车相关信息,向乘客和公司内部提供信息;行车调度(列车)负责及时、准确的行车调度,并且向列车和车站等提供相关信息,保证列车按照正常运行图运行,实现安全运输;行车控制(客运)负责收集有关乘客的信息,并且向车站提供信息;供电调度负责 24 h 监控变电站和电气设备机房的运行状况,并且为了保证供电的稳定,根据需要实施供电系统管理;车辆管理负责监控全部运行的列车,当车辆发生异常时采取措施，支援行车调度作业；设施和设备调度负责 24 h 监控有关工程和电力设施发生的故障或异常数据，对行车调度、供电调度和维修作业提供支援。

(4)车辆维修

东京地铁拥有 4 个维修工厂和 12 个车辆检修所，承担车辆的大修、关键部件的检修、紧急检查和车辆改造业务。一般 2 条 ~3 条线共用 1 处车辆检修所，如中野修理车间由银座线和丸之内线二线共用，绫濑修理车间由千代田线、有乐町线和南北线三线共用。

(5)票价政策

东京地铁提供多种车票，可供乘客根据用途选择最合适的。如：

普通车票：在各车站的自动售票机出售普通车票，按乘坐距离购买的票价种类有 160 日元、190 日元、230 日元、270 日元和 300 日元。

月票：有两种可供选择，学生月票或上下班月票，以及东京地铁全线月票。其中学生和上下班人员月票，可以在特定区段内的各车站之间无限制地乘车；东京地铁全线通用月票，在有效期限内，购买者（登记姓名者）或持有者（1 名）可在东京地铁全线反复使用。

除此之外，为了满足乘客的不同需求，东京地铁还准备了比通常车票更便宜、方便的车票。如东京地铁 1 日车票、东京和都营地铁通用的 1 日车票、特别一日车票、机场公交车与地铁通票、Skyliner 与地铁通票，还有为成田国际机场的旅客提供的特别二日车票、为羽田机场的旅客提供的京急羽田与地铁通票、机场公交车与地铁通票。

(6)乘客标识指南系统

由于考虑到高龄乘客和不熟悉地铁乘客的需求，东京地铁开发了新型的乘客标识指南系统。新型系统采用了对比效果明显的两种颜色系统。其中深蓝色对进站或换乘上车的乘客提供引导，黄色对出站和换乘下车乘客提供引导。对票价表等显示板加大了尺寸，同时采用了背光荧光灯照明，提高了可视性。

2.1.2 首　尔

(1)概况

首尔地铁有 8 条线，线路总长度 362 km，再加上郊区轻轨与市区连接的线路共 530 km，由 3 个公司负责运营。其中 287 km 由市政府管理并由两家国有公司负责运营。

(2)投资建设

首尔地铁的投资以政府投资为主，1 ~8 号线的投资中，首尔地方政府占 80%，中央政府占 20%。正在建设中的 9 号线（38 km），由政府投资 50%（地方政府 30%，中央政府 20%），民营企业投资 50%（现代、大宇、韩进及其他几家民营企业）修建。

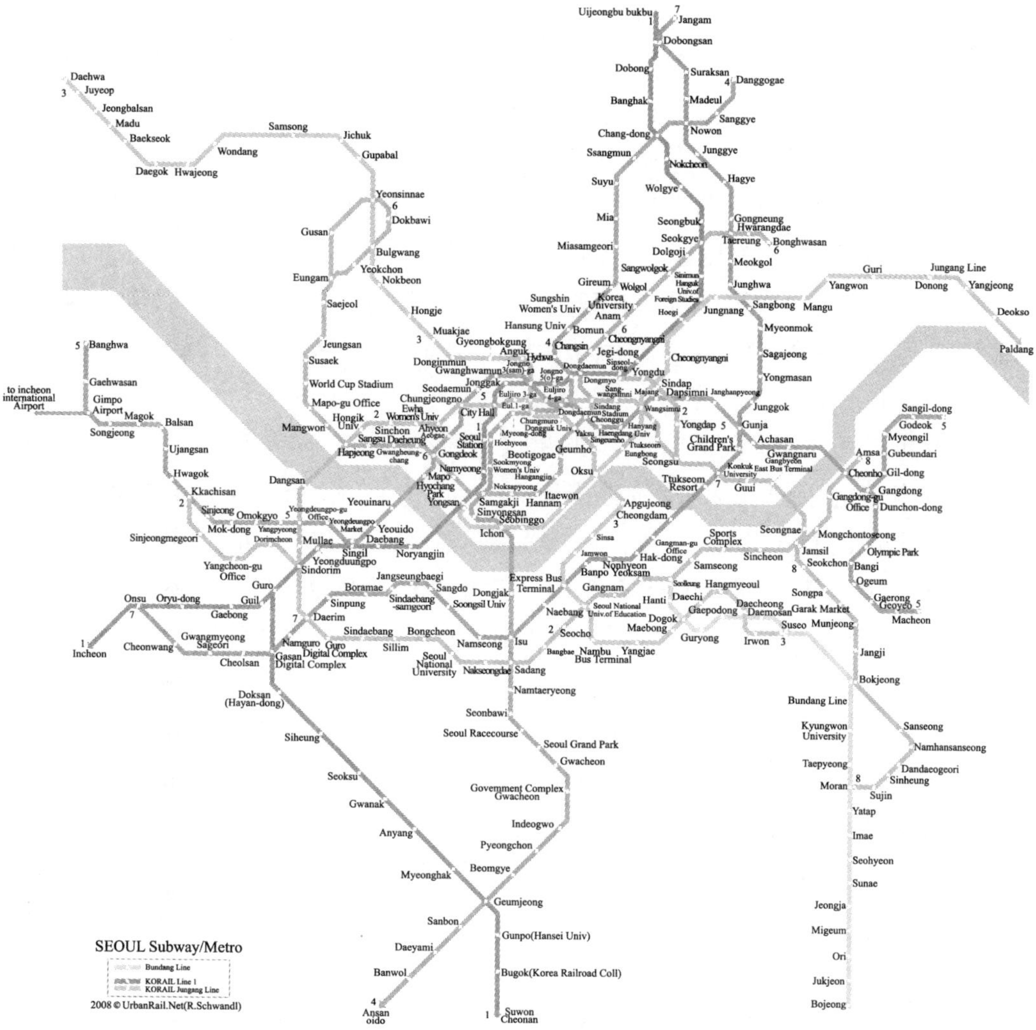

图 2-2 首尔地铁线网图

(3)运营管理

首尔地铁由以下三家公司组织运营。

①首尔地铁公社:经营 1-4 号线,115 座车站,包括 2 号线全部、1 号线的地下部分、3 号线和 4 号线的大部分,运营里程 134.9 km,平均每天运送乘客 388 万。

②首尔铁道公社:运营 4 条线路(5、6、7、8 号线),运营里程 152 km。

③韩国铁道厅:运营 Bundang Line 线及 1、3、4 号线的一部分,运营里程 189.8 km。

正在建设中的 9 号线,将由一家新成立的公司负责运营管理。

(4)协调管理

首尔市的城市轨道交通由市政府交通局负责协调,两家地铁公司成立一个共同促进委员会,负责协调各种问题,协调不了的问题再由交通局负责协调。属于公司内部的问题,由公司自己解决,交通局不干预。两家地铁运营商的调度指挥中心均设在各自的总部大楼,各条线路之间互相协调,在两家调度指挥中心之上没有上一级的调度室。

政府为了提高地铁运营管理效率,克服国有企业和公用事业存在的一些弊端,特意在1~4号线完成后,安排建立新的一家运营公司负责运营5~8号线,从而形成两家公司的竞争机制。在选择目前在建的9号线运营商时也是考虑到竞争的因素,利用民营企业与国有企业之间的竞争,最大限度发挥竞争对提高效率的效用。

(5)票价政策

在票价政策上,地铁运营商提出建议票价申请,市政府有专门委员会审批。制定票价申请的依据包括:物价上涨因素、市民的意见、地铁运营商合理盈利等。

首尔采用的是按里程收费,地铁票为一个区间500韩元,两个区间600韩元。经常利用地铁者可以购买有10%(学生20%)优惠的定额券(10 000韩元券/2 000韩元券)或巴士和地铁都可用的交通卡(区域:550韩元)。

(6)政府监管

政府的监管主要分为以下方面:一是高层管理人员的任命等人事权,二是对运营商预算的审批,及安全、票价的控制。此外,中央政府、国会、市议会、市政府等各级各部门每年有多次的检查,以及24 h的市民投诉监督。

发生突发事件等重大事件,如重大火灾、恐怖事件等,由消防防灾厅的一个部门统一指挥。

中央政府每年对全国七家轨道交通运营商(包括首尔地铁公社、首尔铁道公社、仁川地铁公社、釜山地铁公社、大邱地铁公社、韩国铁路厅等)的经营效率和经济效益进行对比评价,成绩突出的企业将获得政府奖励。同时,评价结果还影响政府对地铁运营商的政策。评比由中央政府组织,由专家、会计师、律师等专业人士组成的小组实施。

2.1.3 伦 敦

伦敦由三部分组成,即中央伦敦、内伦敦其他地区及外伦敦组成,三个区域面积分别为27 km^2,294 km^2,1 256 km^2。整个大伦敦的轨道交通客运包括市郊铁路客运及地铁客运两方面。如果存在市郊支线,则支线与主线的中段共线运营。伦敦地铁网的12条线路中,中央线(Central Line,74 km)、区域线(District Line,64 km)、都市线(Metropolitan Line,66.7 km)、皮卡的利线(Piccadilly Line,71 km)延伸至郊外,这些线路一般都有郊区支线,因而存在共线运营的情况。伦敦地铁通过配线和其他技术措施,可实现地铁列车与城际列车的共线运营。

伦敦地铁由伦敦地下铁道公司(London Underground Railway Company)和DLR两家公司运营。伦敦地下铁道公司属于国有,共负责11条地铁线路,408 km;DLR为私营企业,主要负责轻轨的运营,共负责3条线路,26 km。

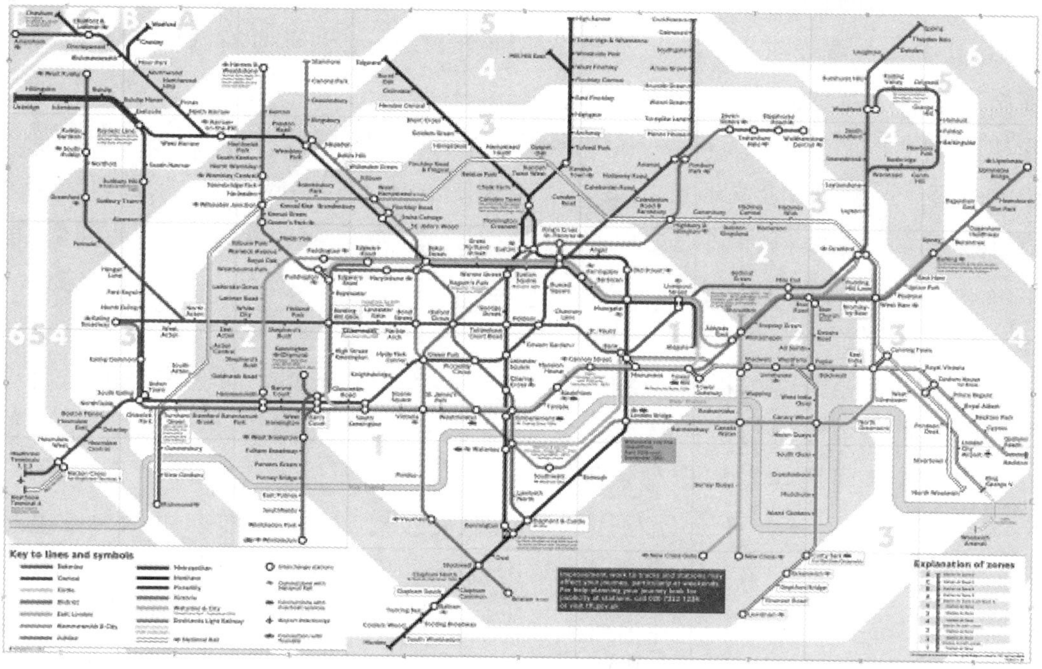

图2－3　伦敦地铁线网图

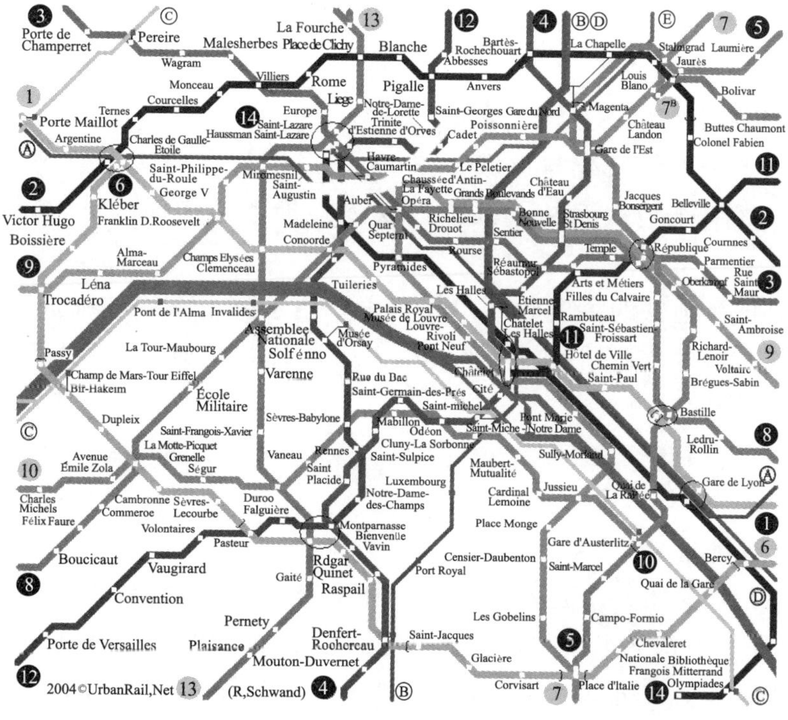

图2－4　巴黎地铁线网图

2.1.4 巴　　黎

(1)地铁概况

巴黎轨道交通包括地铁、市域铁路和市郊铁路,其中地铁 208.3 km,255 座车站,其中 2 号线换乘站 45 个,3 号线换乘站 11 个,4 号线换乘站 2 个,5 号线换乘站 3 个。市域铁路 5 条线,252 座车站,其中 33 个在市中心。市域铁路线的主要功能就是将巴黎市中心与其近郊连接起来,因此区域线是城市轨道交通最原始的骨架,是城市综合交通的主要轴线。伴随着技术的不断更新,区域轨道交通线已经成为巴黎城市和城际之间的交通大动脉,由运输公司和国铁共同管理。市郊铁路属于国铁。

(2)运营管理

地铁和市域铁路由巴黎运输公司(RATP)经营。RATP 同时也经营从两个机场到巴黎各个地点的公交路线。

市域铁路网络其实与市郊铁路网络融为一体,因为发展基础为市郊铁路。市域铁路的修建,一方面充分利用已有的铁路设施,另一方面在市区修建新线(一般为地下线路)。在此过程中,巴黎运输公司所经营的地铁线路与法国国营铁路(SNCF)所经营的市郊线路实现共线运营提到了议事日程。因为随着乘客对市域铁路线要求的提高,在 RATP 与 SNCF 所经营的市域地铁线路的不同区段上,运营车辆应保持一致,只有这样才能为乘客提供连贯和统一的网络服务。列车在 RATP 区段和 SNCF 区段将由不同的司机驾驶,因此,在某些站出现换司机的情况。

(3)票价政策

巴黎的整个地铁系统与市域铁路、公交采用相同的售票系统,因而 RATP 的票制覆盖了整个地铁系统。巴黎地铁的票价也是多样的,适应各种不同的要求。

票款是巴黎地铁的主要收入。收入主要用于整个系统的维护,而新线路的修建还是靠政府的支持。因为,地铁作为一种公共交通,为市民服务是主要目的,不存在盈利的问题。

2.1.5 新 加 坡

(1)地铁概况

新加坡地铁又叫大众捷运系统,始建于 1988 年。目前地铁线路总长约91 km,49 座车站,东西及南北纵横两条主干线将机场、码头、商业中心和居民聚居的新城镇连接起来。加上长达 20 km 的东北线地铁和几条轻轨辅线,新加坡环城地铁交通网已初具规模。在新加坡任何地铁在高峰期都不用等候 3 min 以上。

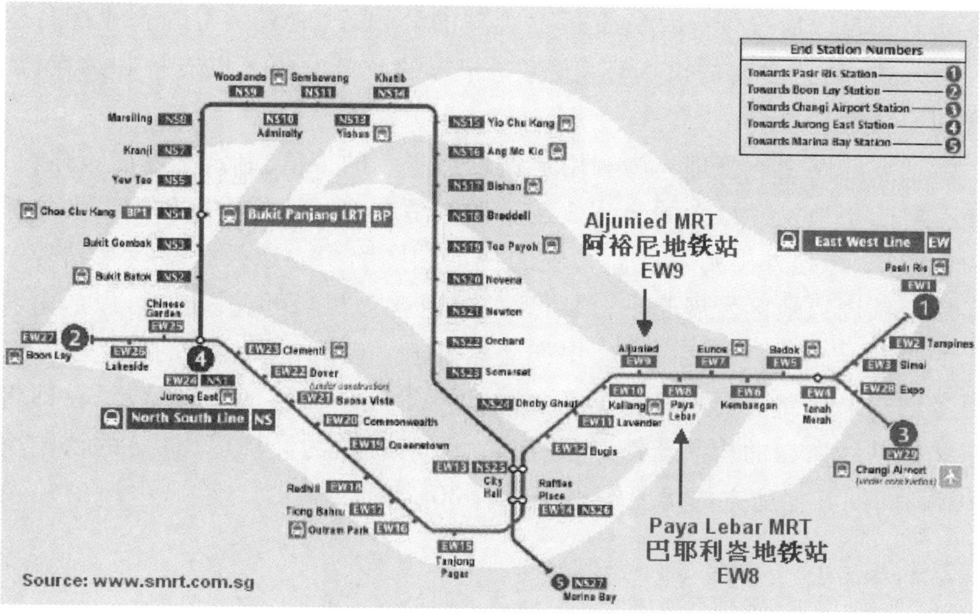

图 2－5　新加坡地铁线网图

(2)运营管理

新加坡地铁有两家运营商,新加坡地铁(SMRT)和新加坡公共汽车运营公司,新加坡地铁为上市公司,目前运营 4 条地铁线路。新加坡公共汽车运营公司是一家私营企业,负责 20 km 的东北线的运营。

(3)运营保障

拥有地铁并不等于就拥有了高效的交通服务。要想把地铁的效用真正发挥出来,需要整个城市的交通网连成体系,相互衔接。新加坡在发展地铁时,就提出建设“一站式”或“户到户”的交通枢纽网络。这样复杂的交通系统无疑需要非常周密的规划设计,要经得起实践运转的考验。在整个网络中,地铁是主要的运输工具,轻轨是地铁干线的延伸支线;公交车负责将乘客疏散到四面八方。此外还有校车、专用车等供专门群体的需要。出租车则保证个别的需要。政府实行公共交通优先、严格执行限制私人汽车保有量的倾斜政策。为此,新加坡政府做了大量工作,确保地铁有效运营。例如,政府负责调整现有公交车线路,以免与地铁线重叠,造成资源浪费。政府还有意限制地铁车票涨价,鼓励民众乘坐地铁。

为使地铁运作顺畅、具有成本效益的交通网络发挥作用,不但能够满足人们的需求和愿望,也有利于经济和环境的发展。新加坡地铁公司在各个车站准备了可免费取得路线图、时刻表、转车方法等资讯手册。车站的环境设计也相当精心,每个地铁站都与公交车线路连接,方便乘客转车。

(4)政策与监管

新加坡地铁建设与运营,采取政府投资建设,不补贴运营的战略。地铁建设资金完全来自政府投资。对负责运营管理的公司,政府只负责为企业配备优秀的经营人才,营造必要的市场环境,建立相应的政策法规予以支持和约束,加强监督和安全管理。

新加坡陆路交通管理局为利用地铁创造更多的价值,制定了发展策略,目的是使有限的土地发挥最大的经济效益。做法是在地铁站的周围先圈一大片绿地作为预留地,绿地外围则发展高密度的住宅和购物中心以及公交换乘站等。若干年后地铁周边地区发展起来,预留地的价值就会相当可观,政府可以从中获得最大的收益。此外,开通了地铁,房产必然升值。政府在发展新的住宅小区时要统筹考虑交通线路的规划。根据新加坡建屋发展局提供的资料显示,在即将开通东北地铁线所在的榜鹅新镇,新建房屋(政府补贴的经济适用房)的认购率高达 80% ,同期其他地方的房屋销售率只有 30% 左右。

2.1.6 小　　结

国外部分大城市中的轨道交通经过数十年甚至百年的发展,已经形成一个稳定的轨道交通网络格局,具有如下发展趋势:

■ 投资主体、融资渠道多元化;

■ 多家经营主体,建立各自的管理体系和精诚合作的运营机制;

■ 通过共线运营的手段,为乘客提供连贯和统一的路网乘车服务;

■ 针对不同人群的不同需求,推出多种票制及票价的优惠政策。

2.2 国内其他城市轨道交通网络化运营发展状况

2.2.1 上　　海

(1)概况

截止到 2009 年 7 月底,上海轨道交通线网已开通运营 8 条线,分别为 1、2、3、4、5、6、8、9 号线,共 170 座车站,运营里程达 250 km,全年日均客流量 436.2 万。

(2)管理体制变迁

在地铁的管理体制方面,上海地铁具有一定的代表性。上海地铁的运营管理体制,经过两分开阶段,即上海地铁总公司负责城市轨道交通的建设、运营及部分政府监督的职能,上海城投公司负责投资的职能;三分开阶段,投资、建设、运营三个环节组成了三个独立的公司,各负其责,将监管职能按不同的内容划归不同的政府部门(发改委、建委、交通局);四分开阶段,将投资、建设合并,组建了上海申通集团,同时成立轨道交通建设指挥部,统一协调指挥全市轨道交通投融资和规划建设,对全市轨道交通规划、投融资、建设、运营涉及的重大问题和政策进行协调;现在的两分开阶段，市政府将运营公司整体划转申通集团，实现了投资、建设、运营一体化管理。

图 2-6 上海地铁线网图

上海市政府认为“两分开”后投资、建设、运营一体化更适应大规模建设，有利于轨道交通发展。

一体化后的初步成果为：

- ■ 资源共享方面，2010 年前建设的线路，原设计需要 9~10 个车辆段，现调整为 6 个；无线呼叫系统实现了统一制式；主变电站实现了跨线共用；车辆的选型与购置实现了系统化；折返线的设计与建设适应了运营的需要，有利于提高运营效率。
- ■ 建立了监控中心，实现了票制的统一及票款的清分。
- ■ 运营模式，采取大小交路运营、共线运营并存的多种运营组织方式。

(3) 运营管理

上海轨道交通运营管理采取“分线管理”模式，地铁线路分别委托地铁运营公司和现代轨道交通公司负责运营管理。

上海目前采取的是以线路控制模式为主并逐渐向多线路控制模式过渡的行车组织模式。建立一种有别于以上模式而又能适应网络运营要求的行车组织（控制中心）模式，即在上海的轨道交通路网中，建立轨道交通运营协调与应急中心(COCC),各线路运营控制中心均为子系统,COCC 主要对轨道交通路网的环境状况及车站设施运行状况和客流状况实施监视,在紧急情况下,可以向线路控制中心发出控制指令,辅助抢修和救援工作。

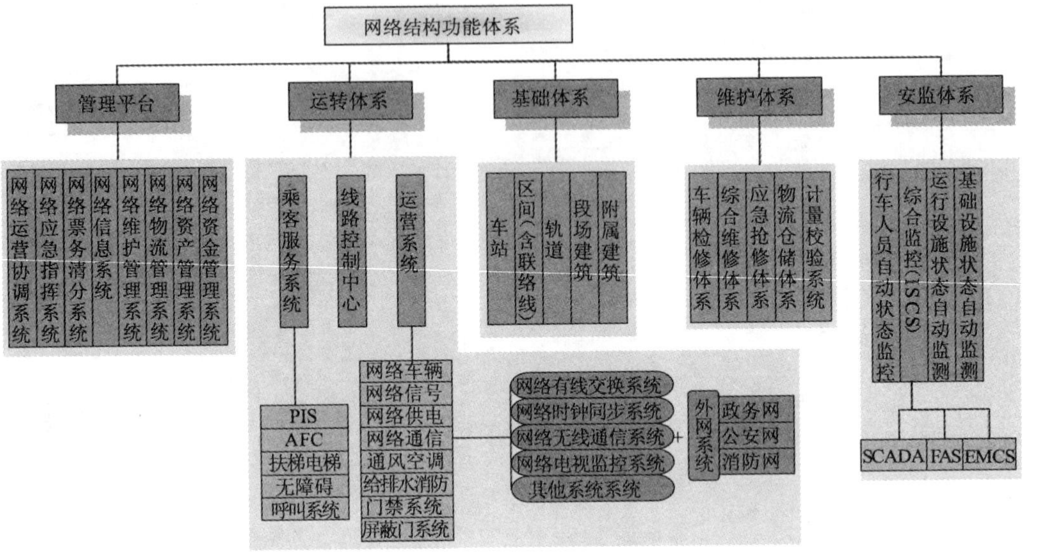

图 2-7 上海地铁运营管理

上海城市轨道交通在维修上采取按专业划分公司统管所有线路,并实行一线一车间(分厂)以自身为主的集中管理维修方式。这种以集中管理为主的维修方式在轨道交通运营初期人才匮乏、线路较少的情况下,为保障运营安全发挥了积极的作用。但是随着线路的增加,基本网络的形成,设施设备在数量、种类、管理范围上将大幅增加,原来的维修方式将很难适应网络的要求。为此,网络化运营条件下,上海在日常维修方面,车辆维修拟采取"按车型设大修基地、按线路设定修厂、同类型部件集中维修"的方式;其他设施设备维修拟采取"自主集中与系统性委外相结合"的维修模式;应急抢修方面按照"区域抢修与线路维修相结合"的原则,可在线路交汇的共线枢纽车站、换乘车站等其他有条件场所建立区域应急抢修中心。

维修备件管理方面,采取"虚拟总库、分类库存"的方式,以提高网络物流管理效率和共享水平、加强备件控制管理、减少库存成本。依托网络物资管理中心建立虚拟的集中控制管理平台,以信息化管理手段,对网络维修的备品备件和机具实施动态控制、流程跟踪以及生命周期管理等全覆盖管理。

(4)票价政策

上海实行区段计程票制。基准票价起程为 6 km,起价为 3 元,其后每增加 10 km 票价递增 1 元,最高票价不超过 9 元。上海市轨道交通票价优惠措施为:按自然月乘客持公共交通卡乘坐 1~9 号线时,凡当月累计车资满 70 元后,在上述线路内再次使用该交通卡时，每次乘坐的车资将自动按 9 折优惠进行计价，至本自然月结束止，下月起重新计算。持公共交通卡的乘客在 90 min 内，在联乘优惠线路公交和轨道交通之间换乘，可享受 1 元/次的优惠。

2.2.2　广州

(1)概况

广州市现有 1 号线、2 号线、3 号线及 4 号线在运营中，但远远无法满足公共交通需求。为解决拥堵的道路交通，广州地铁正在大规模扩建。广州地铁每年平均开通 35 km，预计到 2010 年，2 号线南延与北延、3 号线北延(广州东站至机场南)、4 号线、5 号线一期、8 号线西延、广佛线(魁奇路至西朗)及 APM 全部开通运营，总长为 200 km。广州地铁的远期规划长度是 600 km。

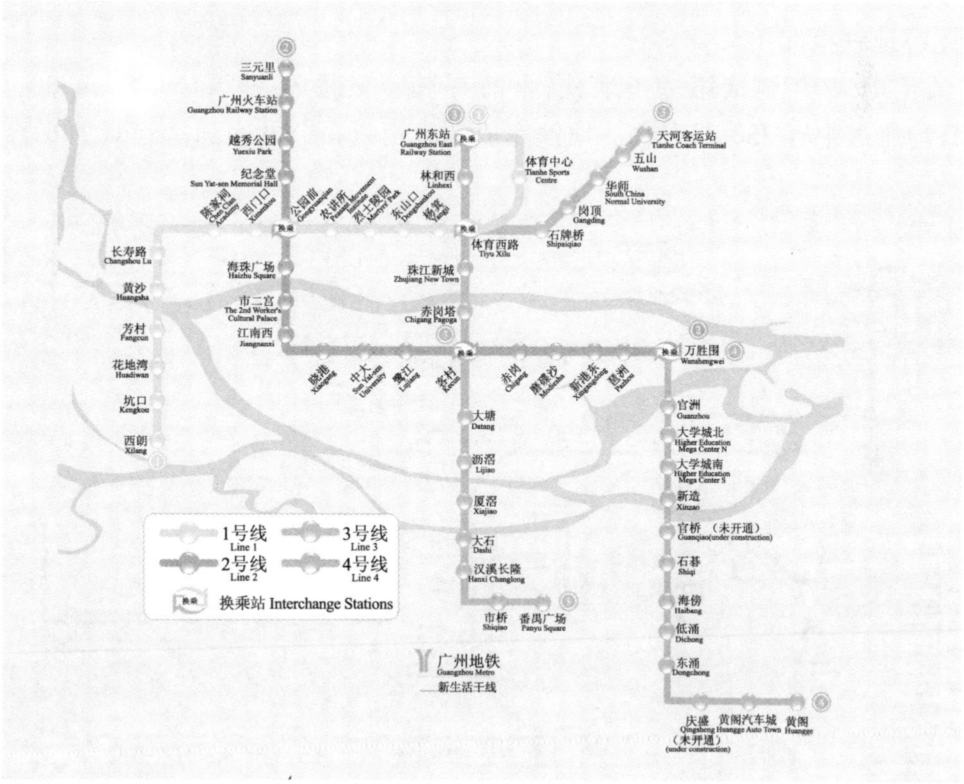

图 2-8　广州地铁线网图

(2)管理体制

广州地铁的管理模式是建设、运营、资源开发纵向一体化，从而充分发挥资源的协同效应。借助一体化经营，广州地铁实现了行业资源、内部资源、社会资

线路名称	线路长度(km)	车站数(座)
1 号线	18.48	16
2 号线	23.21	20
3 号线	36.86	18
4 号线	68.96	27

源的整合。

(3)票制票价政策

广州地铁线网票价按里程分段计价。里程分段计价办法为:起步 4 km 以内 2 元;4 至 12 km 范围内每递增 4 km 加 1 元;12 至 24 km 范围内每递增 6 km 加 1 元;24 km 以后,每递增 8 km 加 1 元。广州地铁亦设有储值票,使用储值票和羊城通乘搭地铁有 95 折优惠,中、小学生储值票有 7 折优惠。

地铁普通月票有 3 种供选择:一是 55 元/月,限乘 20 次;二是 88 元/月,限乘 35 次;三是 115 元/月,限乘 50 次。学生凭票搭乘地铁每次享受地铁票价 5 折优惠。60 岁以上的老年人享受半价优惠,65 岁及以上老年人更可免费搭乘地铁。

2.2.3 香　　港

(1)地铁概况

香港 1979 年建成第一条地铁,目前有轨道交通 9 条线,168.1 km,80 座车站,日均运送乘客 250 万人次。地铁完成的客运量占公共交通客运量的 61% 。

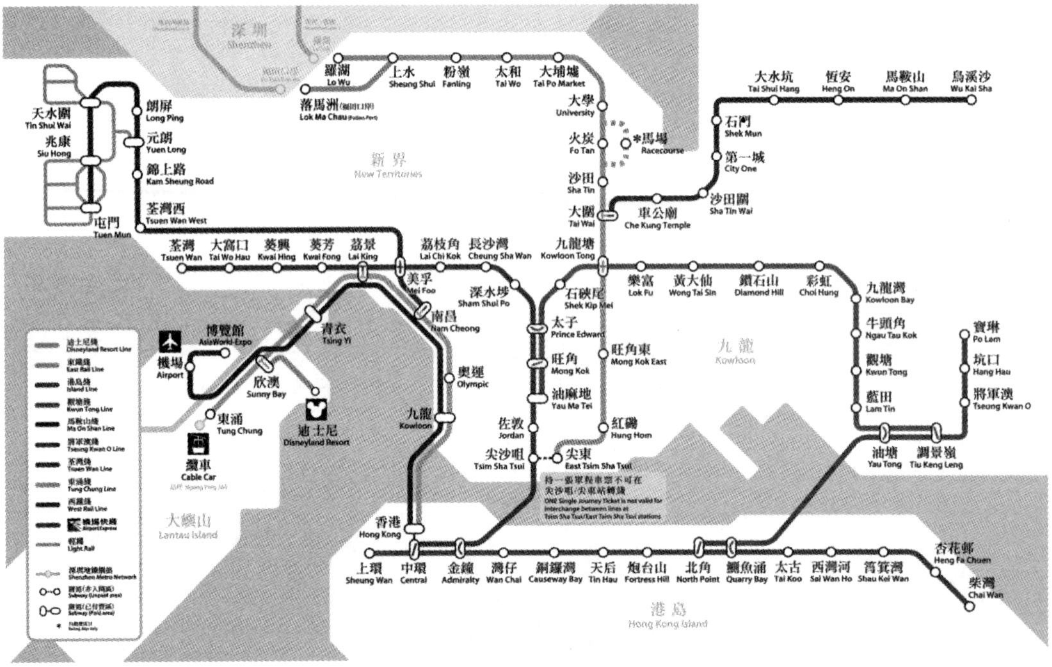

图 2-9　香港地铁线网图

(2)管理体制

香港的建设、运营一体化模式,是一种通过纵向一体化,把各利益主体通过一定的经济与法律纽带联合成为一个共同的利益,从内部消化外部效益。例如,将兴建地铁带来的沿线土地升值的效益，通过赋予香港地铁沿线土地资源经营的权利，转移给地铁公司。

(3)投资建设

香港地铁的投资、建设及经营均由香港地铁有限公司承担。在新线建设中从规划开始，充分考虑营运中的可操作性、可维修性等问题。地铁公司通过地产开发与交易筹集到的资金，可以在很大程度上补充地铁建设的需求。地铁站点布置密集，可以提供快捷、舒适的通勤服务。

(4)运营管理

在经营模式上，政府通过地下铁道条例将专营权赋予地铁公司，期限为50年，将地铁的财产、权力、法律责任一起交给地铁公司，政府负责监管地铁的运作。地铁公司上市后，政府是最大的股东，拥有75%的股份。政府与地铁公司的关系是"股东+监管者+伙伴"。

香港地铁遵循市场经济规则和企业经营原则。随时调整其管理策略以适应社会经济、市民生活水平的发展变化。如香港地铁以机场线投入营运为契机，引入"车站运作一体化模式"，改变了以往地铁车站的管理只是由运营人员承担，实现了车站设备出现故障时必须向维修中心报告，维修中心根据需要派专业人员到车站维修的管理办法。

与运营模式有关的另一个问题是换乘站问题。在轨道交通线网形成后，不同线路(不同运营商)之间的换乘成为一个突出的问题，处理不好会给乘客带来不便，不仅影响客流，进而影响经营效果。与此相关的问题，一是换乘站的管理方面，相关线路(运营商)各自管理自己的部分，而共用部分(如通道、电梯、照明、防灾设备等)则需要制定管理细则，由一方管理，或有关各方轮流管理；二是标识系统，一个城市的轨道交通标识系统应该是统一的，这是服务效益(同一资讯、方便乘客)、城市形象(资讯上高效的形象)、管理形象(显示政府与行业间的密切合作)的需要。

(5)设备管理

在设备管理方面，地铁公司建立了维修运筹系统(MLS)。该系统涉及设备记录、工作管理、时间安排、零备件领用单管理、成本核算、输出报告等。系统处理大量的相关数据。

系统采用目前通行的企业资源规划理论和电脑技术、互联网技术。将原有的12个维护管理系统由一个标准化的软件包所代替，将原有的报告数目由1 000种减至50种，界面数目由800个减至30个，集成了更多的业务流。下一步的目标是：通过无线内联网，维护人员可以利用掌上电脑实时查到任何相关信息。

(6)票价政策

香港政府赋予地铁公司制定票价的自主权，公司制订出价格后，经过交通咨询委员会、立法会交通委员会咨询意见后，由董事会决定。

地铁票价考虑竞争力、乘客负担能力、公司财务状况等因素。在相同线路上，地铁票价一般比公共汽车票价高20%左右。乘客负担能力综合考虑通货膨胀、市民收入增长、GDP增长率几方面因素。公司财务状况主要考虑合理利润即经营成本、负债还款能力等。

香港地铁线路采取的是按里程计算收费，根据路程长短而定。乘搭的站数越多，收费就会越高，票价由4~26元港币不等。3岁以下儿童可免费搭乘地铁，12岁以下儿童、学生及长者均可获优惠票价。

(7)政策与监管

香港地铁是世界上轨道交通的一个特例，港府采取的政策主要有以下几条：

1)每条线路在建设前，沿线未开发的土地，按当时的地价划归地铁公司所有，地铁公司负责向政府偿还地价款，地铁建成后土地升值的全部收入归地铁公司所有；

2)地铁公司利用地铁的资源进行开发的项目，如广告、商铺、电信服务、地下空间等，收入全部归地铁公司所有；

3)地铁线路建成后，地铁公司按照全成本的概念（建设投资、固定资产折旧、运营成本、应有的利润）自行确定票价；

4)地铁公司按照城市交通繁忙的需要确定新线建设，以达到投资回收的目的，如政府确定的建设线路不能达到回收的要求，所带来的损失由政府承担；

5)香港只有一家地铁公司参与负责地铁规划、建设、运营、开发全过程，因此可以达到资源的优化和共享，同时也可以做到管理成本最低及充分利用市场的规则使各项投资最低。

2.2.4 小　　结

我国部分城市如上海、广州、香港等经过数年或长期的发展，已初步形成网络化运营的格局，经历由单线向多线运营模式的过渡和转变。

■ 各城市根据其轨道交通网络化发展的不同阶段采用了不同的管理体制；

■ 根据网络化运营发展的需求，研究和实现适应网络化运营的综合技术和运营组织的优化方案；

■ 依据政府政策和企业及市民需求，推出多种票制票价的政策。

3 城市轨道交通网络化运营的特点及分析

3.1 网络化运营的定义

研究城市轨道交通网络化运营的特点,首先要明确网络化运营的概念。经过对国内外城市轨道交通网络发展的研究,对其具有的一定共性给出以下定义。

城市轨道交通网络化运营是指在线路与线路之间通过节点实现链接所形成的城市轨道交通客运路网中采取综合协调、集中控制、资源共享的经营行为和进行安全保障、提高服务质量进行的管理措施。

3.2 网络化运营特点及分析

城市轨道交通网络化运营强调全路网的整体概念,强调中心控制权,强调资源整合、强调信息共享,强调设备和技术管理标准化。网络化运营具有以下特点。

(1)复杂的网络

城市轨道交通路网按照居民出行需求,规划设计为覆盖城市重要交通走廊的多条线路,同时通过换乘车站衔接各条线路以及衔接通往城外的郊区快速轨道交通线。同时各换乘枢纽连接地面公交、铁路线路及其他交通工具,形成全市交通网络一体化。

(2)集中协调的指挥及运营组织管理

网络化运营将每条线路的指挥中心尽可能集中在同一个综合指挥中心内,每条线路独立指挥本条线路的运营,由 TCC 总指挥对路网的各条线路进行统一协调,提高整个路网的运营效率。

由于网络化运营使各线路间在技术和管理等方面有着高度的关联性,因此协调和统一指挥是运营组织的关键,是发挥整体效益、实施网络化运营的根本途径。

从应急指挥、服务与运营管理方面网络化运营与单线运营具有不同的特点。

■ 应急指挥方面

单线运营中,发生突发事件时影响面波及范围相对较小,不需要考虑线路之间应急救援和调度指挥的协调等。

但是当轨道交通多条线路成网运营后,由于网络规模和网络效应,应急保障路网系统安全的工作会变得十分复杂。在突发事件时,不仅需要在政府的授权下,对轨道交通全网进行应急管理、向市政府应急指挥中心及政府相关部门报送突发事件应急处置工作信息,还要在事件应急处置上协调多条线路指挥及与相邻线路之间的配合,平时还要负责审查各运营商突发事件应急处置预案,组织制定路网各运营商突发事件应急处置配合预案等。

■ 服务与运营管理方面

由于单线运营中线路覆盖范围较小,客运量相对较少,客运组织的方式也相对简单。

网络化运营线路覆盖范围的增大使乘客数量大幅度上升,乘客需求更加多样化,对运营服务提出了更高的要求。

大型换乘枢纽站的运营管理,不仅直接影响该枢纽站点的服务水平,同时也影响相关线路及周边地区的整体效率和服务水平。通过枢纽站客运的有效组织,可以体现出轨道交通网络运营管理的水平。

■ 换乘方面

相对于单线城市轨道交通格局的不同,网络运营线路的增加,线路相互交叉点上形成多个换乘站。乘客不出站甚至不下车就可通过换乘站或直通列车换乘不同的线路,丰富了乘客出行路径的选择,增加出行的可达性、方便性和快捷性,从而可吸引更多的乘客选择轨道交通出行,减少地面交通的压力,带来更大的社会效益。

因此成熟的城市轨道交通路网都非常关注换乘方式。注重大型客流集散点的换乘站点布置,而且注重车站结构设计、便捷的服务设施设备、与其他交通方式的接驳,以及换乘线路间的一票换乘模式、乘客导向系统等,都是本着服务人性化的原则进行综合考虑。

(3)多样化的设备制式和技术

网络化运营是随着轨道交通的建设逐步形成。与此同时,轨道交通技术也在不断地发展,由此在网络化运营形成的过程中存在多种设备制式,多种技术同时并存的现象。涉及到车辆制式和信号制式的多样化、列车运行方式的多样化、维修保养方式的多样化,以及线路配线衔接需求的多样化等方面的内容。另外,由于网络化所带来的乘客换乘、系统互联互通等要求,也呈现出运营组织和设备管理的多样性。

(4)共享的资源

在城市轨道交通网络化运营条件下,每条运营线路的各种资源通过整合与配置可以达到资源集约化利用的目的。

资源共享是轨道交通网络化运营的重要组成部分。多条线路共用控制中心、票务中心、车辆段和综合维修基地、仓储中心、主变电站、换乘站以及共用办公设施等有限资源。资源共享还体现在信息共享、人力资源的配置上,以充分发挥运营管理的规模效益。

当出现突发事件,信息的共享,救灾资源共享及合理配置,救灾人员的合理调配等对于突发事件快速、有效的处置尤为重要,这可以有效控制事故的扩散,充分发挥网络的综合监控、协调和高效的应急处置能力。充分的资源共享可以在突发事件中减少损失。

(5)多方的收益分配

在单线运营时,由于线路结构简单,售票方式以及票款结算方式比较单一。而网络化运营形成了多运营主体,需要一个独立机构根据一套公平、合理和优化的清分方法在不同的利益主体之间进行运营收入的分配。具体表现在,客流清分和客票收入清算方面。

在城市轨道交通网络化运营中,独立机构组织路网中各运营商提出票制、票价调整建议方案,进行轨道交通路网一票通的发行、管理,为运营商、一卡通等相关单位提供轨道交通清算服务,并协调运营商联合执行政府制定的轨道交通票务政策,进行路网自动售检票系统的运行监管、票务的应急处置协调指挥,根据乘客的出行路径,进行换乘客流的统计,最终达到在不同的利益主体之间进行运营收入的合理分配。

3.3 小　结

总之,随着城市轨道交通运营进入网络化运营的新阶段,仅靠一线一中心的运营调度管理模式已难以适应多线路、多运营主体网络化运营格局下的运输协调、突发事件处置、一票换乘的清分清算等运营管理需求。城市轨道交通网络的形成,对于如何更好地实现轨道交通网络化运营组织、提高运营效率、加强路网运输协调,提高突发事件处置能力等提出了更高的要求。

4　北京城市轨道交通网络化运营发展及面临的问题

4.1　北京城市轨道交通线网的发展

北京是中国第一个建设地下轨道交通的城市。北京城市轨道交通开始运营于1971年，至今已运营近40年。目前，北京已建成城市轨道交通运营线路9条（1号线、2号线、4号线、5号线、13号线、八通线、10号线一期、机场线和8号线一期），线路总长228 km，车站147座，其中包含换乘站19座，如表4－1和图4－1所示。

在运力和运能方面，2007年北京地铁共开行列车57.5万列，运送乘客6.5亿人次；2008年开行列车101.4万列，运送乘客12.2亿人次，分别比上年增长了76.34%和87.69%。到2009年，除机场线外，运营列车全部实现6辆编组，列车运行最小间隔为2 min，日均客运量460万人次以上。

表4－1　2009年北京城市轨道交通线路概况

线路名称	线路色	通车时间	线路长度（km）	车站数（座）	最小运行间隔	运量比重
1号线		1969	31.00	23	2 min15 s	24%
2号线		1984	23.00	18	2 min	21%
4号线		2009	28.00	24	3 min	10%
13号线		2002	41.00	16	3 min	11%
八通线		2003	19.00	13	3 min30 s	5%
5号线		2007	27.79	23	2 min50 s	15%
10号线		2008	24.59	22	3 min50 s	14%
8号线		2008	5.91	4	7 min	
机场线		2008	28.10	4	15 min	0.3%

另外，客运量的逐年递增也表明了北京城市轨道交通路网的不断发展。据历年北京城市轨道交通运量的统计数据如图4－2表明，2008年客运量迅猛增长的原因主要源自于轨道交通线网的快速发展，由于路网覆盖面的扩大，服务范围增加，方便了更多市民的出行。

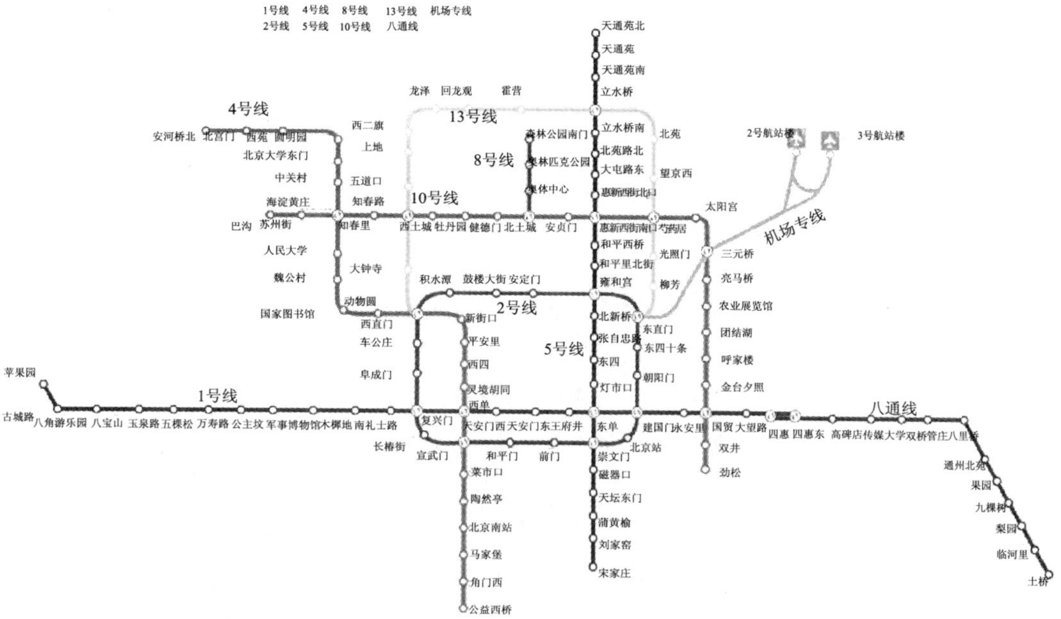

图 4－1　2009 年北京城市轨道交通路网

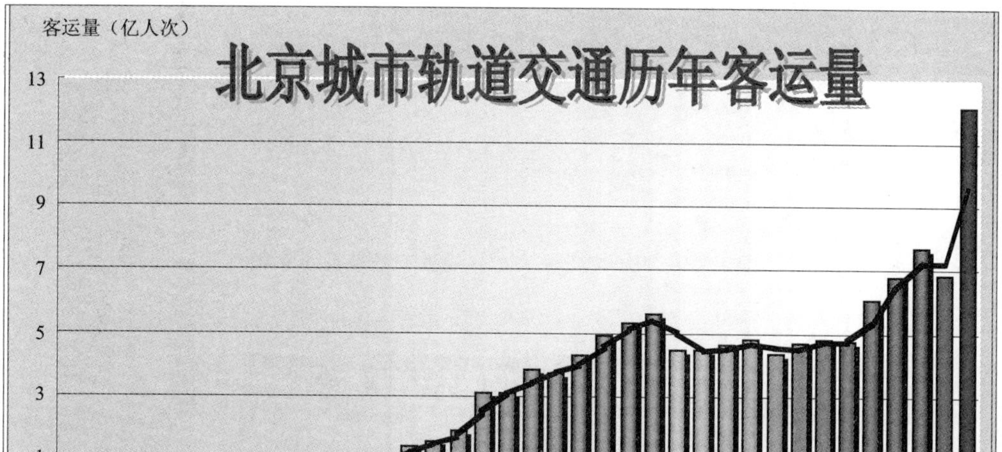

图 4－2　北京城市轨道交通历年客运量

根据规划，到 2015 年北京城市轨道交通路网将发展到 19 条，达到 561 km，将实现城市重点功能街区及交通枢纽的便捷联系。二环以内线网密度为 1.08 km/km^2，五环以内线网密度为 0.51 km/km^2。其中，中关村、金融街、西客站、北京南站、奥林匹克公园和 CBD 等人口密集的区域，将有多条地铁轨道相连。昌平、顺义、门头沟、房山、通州、亦庄和大兴等 7 个周边新城也将通行。如

图 4－3 所示。

据北京城市轨道交通路网规划中的客流预测，到 2015 年日均客运量将提高到 900 万人次以上，并将承担公共交通出行量的 50%。

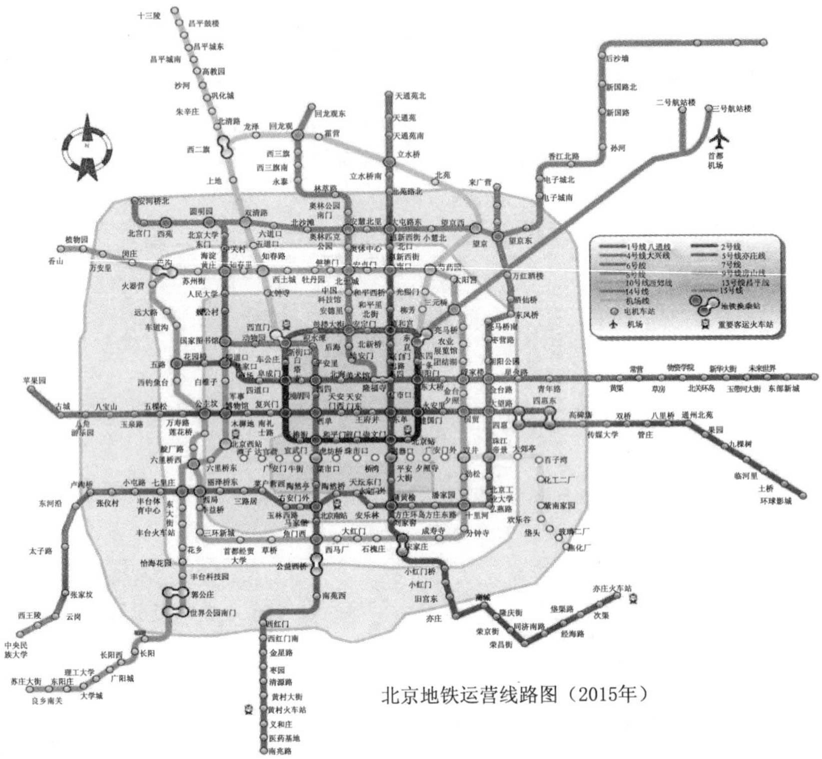

图 4－3 2015 年北京市城市轨道交通路网示意图

4.2 北京城市轨道交通网络化运营的现状

目前北京城市轨道交通正处于一个快速发展的时期。按照社会公众对城市轨道交通服务的合理需求，以取得良好的社会效益为目标，北京城市轨道交通正在积极扩充和完善经营，不断为广大市民提供以安全、快捷、准时、方便、舒适为主要特点的优质交通服务，努力成为深受社会各界信赖、具有雄厚综合实力的现代化公共交通系统。

北京城市轨道交通正在不断努力提高自身的服务水平和运营管理水平。目前已经建立了轨道交通路网管理中心，包括轨道交通路网指挥调度中心（TCC）、路网票务清算管理中心（ACC）、14 条轨道交通线路的控制中心（OCC）及相应配套设施，是目前世界上集路网指挥调度和票务清算管理两大系统于一体，接入线路和系统最多，集约化、网络化、自动化程度最高的轨道交通指挥中心。

其中,TCC 系统是一个集运营监视、数据共享、应急指挥、辅助决策功能为一体的综合指挥平台。对于已经运营的 9 条线路以及未来将要投入运营的多条线路也要纳入统一管理,从而结束了北京轨道交通一条线一个调度控制中心的历史,提高了整体运营效率和综合调度指挥能力。北京市轨道交通指挥中心对于调动各种社会资源,提高突发事件处置能力,实现统一维护管理,提高北京市轨道交通管理水平,充分发挥轨道交通的网络化运输能力,改善轨道交通的运营服务和居民出行环境等都具有重大意义。

城市轨道交通路网管理中心,除了具有集中指挥和调度控制功能外,同时还具备票务清分清算的功能。2007 年地铁实行全路网 2 元的低票价一票通政策后,客流量不断攀升,票务中心及其联网收费系统,以电子票卡取代传统纸票,实现了精确化的数据统计,为客流分析、计算、决策提供了有力的数据支持。

在管理体制方面,北京市地铁运营有限公司除设立直属处室外,还下设 4 个运营分公司及通信信号公司、机电公司、供电公司等专业设备公司以适应北京地铁快速发展和网络化运营需要,打造国内领先、世界一流地铁,并按照"平安型地铁、人文型地铁、高效型地铁、节约型地铁、便捷型地铁、创新型地铁"要求,深化企业改革,推进管理创新,构建适应未来规模化和网络化运营组织格局的组织机构、管理体制和运行机制。目前北京地铁已经以运营一分公司为试点,对车辆一公司、车辆二公司和客运公司进行重组,组建新的综合性运营分公司,调整后的各分公司管辖范围如表 4 - 2。

表 4 - 2　北京地铁各分公司管辖范围及职责

公司	管辖线路	职责
运营一分公司	5 号线	负责所辖线路的运营管理,是安全运营、维修服务、设备设施、资产管理的责任主体
运营二分公司	1 号线、八通线	
运营三分公司	2 号线、10 号线、13 号线、奥运支线	
运营四分公司	机场线	

4.3　北京城市轨道交通网络化运营中面临的问题

4.3.1　路网规划和建设

城市轨道交通重要的问题之一是综合协调规划、建设、运营这几个环节,使之成为一个有机的整体。由于合理的线网规划是发挥运输效率的根本,建设标准的合理化是效能发挥的保证,密切配合科学的运营组织管理,最终才能发挥高效率的运输效益。

但是目前在北京城市轨道交通网络一体化的规划和建设中还存在以下不足。

- 在网络化运营考虑统一规划和资源共享的实现中，线路工程可行性研究仍存在以往单线路建设存在的问题，在线网统一规划和资源共享方面还需要深入研究；
- 在轨道交通沿线及枢纽站点地区的规划设计中，由于地下与地面交通方式衔接和布局的问题，影响城市整体交通运行效率和乘客出行服务水平的提高；
- 当需要在设计和建设阶段提供较为吻合的客流预测结果时，缺乏对于因素变化引起的客流预测的偏差的修正和验证，导致部分新建线路运营的运力配置、车站规模、设备系统能力不足；
- 由于有的配线设计不合理，使得线路之间的维修检测设备调度困难，不利于灵活运营模式的实现；
- 在车站设备配备的设计中，对进出站和换乘过程中的电动扶梯及直升电梯的设计及配备重视不够，使之无法有效地快速疏散乘客。

4.3.2 运营组织

城市轨道交通进入网络化运营阶段后，在为广大市民提供了更加多样的出行选择以及更加便捷、舒适的出行环境的同时，也给城市轨道交通行车组织带来了许多新问题。例如高峰时段列车满载率过高，导致服务质量下降，同时影响到乘客乘降速度，使大量客流滞留站台；线路区间的咽喉区段导致整条线的能力下降，影响到列车正点率；高峰时段长期处于非正常运营状态，带来安全隐患；新线建设带来老线的运力不足，老线车站当作换乘车站，与新线衔接时存在换乘不便等问题，主要包括以下几个方面。

- 由于网络化行车组织与单线行车组织的不同，路网中当某条线路与相邻线路之间的行车组织出现不协调、行车组织不具备多样化模式时（包括列车交路、列车编组方式、快慢列车及列车直通运行等）需要采取灵活的列车运行方式改变现状。这些技术是随着网络化运营的发展而逐渐形成的运营模式，例如北京地铁13号线高低峰客流的不均衡状况。
- 换乘节点的增多以及乘客出行路径选择的多样化对运力匹配和铺划运行图提出更高的要求。但是目前在铺划运行图中，缺少已经开发的相应模型和算法以及换乘站衔接所涉及的要素分析，如线路和车站之间换乘客流的流向、列车间隔的限制等，特别是针对首末班车的衔接问题。

- 换乘站是地铁路网中重要节点，也是路网运营组织、客流输送管理的中心环节，客流在换乘站大量集散，但是目前在解决换乘站的客运组织问题中缺少该方面的示范性研究。
- 在服务方面针对网络化发展后形成的复杂问题进行的设计不够，诸如在线网不断变化情况下，随时更新和设计出资讯更加丰富、查询乘车信息更加方便的免费手册，及时审视各车站及换乘站标识的正确引导、对各类人群提供更多的个性化服务和更人性化的服务措施等。
- 在北京城市轨道交通网络发展过程中，客流的培育与线路承担能力的匹配还需要多方面的政策和措施的执行以及政府与企业之间的协调。目前尚缺乏论证以允许企业通过多品种的票制票价，调解不同时间、不同路段客流的均衡等问题，以保障整个路网的安全运营。

4.3.3 安全保障

网络化运营使得城市轨道交通客流量加大。在突发情况下，线路间彼此的关联性影响增强，协调难度增大，给网络化条件下轨道交通安全保障体系带来了新的挑战。

例如在国内外城市轨道交通多年的事故统计中火灾占有很大比例，因此国外很多城市将所有的轨道交通车站逐一进行火灾模拟，针对每一个轨道交通车站根据其火灾模拟的特点制定相应的应急预案，人流疏散方案等。目前虽然对北京地铁车站进行过火灾应急预案的研究，但是只针对典型车站，而北京地铁车站的建筑形式、结构、客流量等差异很大，只研究典型车站的应急预案缺乏针对性与指导意义。

此外还存在一些其他问题。

- 对运营设备满足地铁系统在各种条件下的安全设计原则和技术标准进行系统研究不够，影响应对突发事件的能力；
- 对地铁土建设施在火灾、地震、水灾、风灾等各种灾害作用下的破坏机理和抵抗能力仍需要进行充分研究，以使得相应灾害发生时应急预案和救援工作更具有针对性。

4.3.4 资源配置及共享

资源共享、信息互通是网络化运营的重要特征之一。北京城市轨道交通逐步进入了网络化运营时代，如何使各种资源合理配置，发挥资源效益最大化成为必须考虑的问题。

- 轨道交通发展初期，由于投入运营的线路相对分散，控制中心、车辆基地、主变电站和车站设备等通常是按单一线路规划配置的，但是，随着网络化运营时代的来临,这些设计、规划已不能充分适应网络化运营的发展,从而导致技术设备得不到充分利用,工程造价居高不下,技术管理的规范与运营组织不统一等一系列问题产生。

■ 城市轨道交通在单线运营时采用不同制式,但实现网络化以后,必然要有总体考虑,实现资源共享。但是,目前尚没有一个完善的整体规划方案,则难以提高北京城市轨道交通资源共享的水平。

■ 对国内外先进经验、适应网络化条件的设计标准等方面进行的系统研究尚不深入,影响资源共享的建设与实施。

■ 对应急抢险资源的配置研究不够。例如北京地铁对于应急救援站点的选址完全依靠多年的运营管理经验,而没有认真考虑北京地铁车站结构、地面道路交通情况、客流量大小、地铁线网的脆弱性程度等实际情况,这样就导致在某些车站发生突发事件的情况下,不能达到地铁事故救援设备在 15 min 以内到达事故地点的要求。

4.3.5 运营管理信息化

网络化运营对管理信息化提出了更高的要求,需要实现信息的共享与交换,提高信息的使用效率。

北京城市轨道交通缺乏全网的信息统一规范,使得各个运营部门之间、运营部门与基层站点之间的信息沟通困难。在已建成的信息系统中,由于其阶段性、技术性以及经济和人为等因素的影响,导致大量数据采用不同存储方式,形成了异构数据源。又因为各信息系统相互独立,导致信息资源分散和异构,仅与局部范围信息化应用相适应,这就是所谓的“信息孤岛”现象。

这些分散的数据管理系统虽然能够满足业务数据存储和管理要求,但在许多情况下,为了做出一个决策,可能需要访问分布在网络不同位置上的多个业务数据管理系统中的数据,这就阻碍了信息系统在城市轨道交通系统中发挥更大的作用。

4.3.6 标准和规范

在北京城市轨道交通网络化运营中,目前多数标准是按照单线运营考虑,而没有充分考虑网络化运营情况下的标准体系。由于缺乏适应网络化运营条件下的标准和规范体系,给未来的资源共享,安全保障等相关建设和运营管理带来了一定的影响。

5 北京城市轨道交通网络化运营研究需求

5.1 路网规划、设计和建设服务于网络化运营研究

北京城市轨道交通线网规划和建设的总体目标是构建一个安全、可靠、高效的城市轨道交通网络。为避免城市轨道交通在规划之后的设计和建设给今后运营带来困难和不便，在轨道交通设计建设阶段，就需要引入“设计建设服务于运营”的理念，运营及设备提前介入设计，把运营功能的需求及早地直接落实到工程建设中，真正实现建设和运营无缝对接，以缩短安装调试和协调阶段的工作时间，避免运营阶段的二次改造，降低运营成本，提高运营效率。

5.1.1 实现网络化运营资源共享和统一规划的研究

北京城市轨道交通的规划和建设从“战备为主，兼顾交通型”到“交通疏解型”，再发展到“规划引导型”的阶段。

由于《北京城市轨道交通规划》产生于“交通疏解”阶段，在当时的阶段提出了轨道交通线网的总体目标、线网的远景规划、近期建设规模和线路的功能定位，提出项目建设的主要方案、策划项目建设的实施、建设资金的筹集和年度计划。但是这些规划仍属于宏观性的总体性规划，在此规划下开展各线路的工程可行性研究仍脱离不了以往单条线路独立建设存在的问题，达不到线网统一规划，资源共享的目的。

在北京城市轨道交通建设线路不断延伸的同时，出行量逐渐增大、交通压力日益增加，对轨道交通系统的选择也呈现出按路网功能需要的多层次、多样化、多制式的新局面。因此，在城市轨道交通线网规划的具体线路工程可行性研究之中，有必要增加线网资源共享的规划内容，从整体线网上进行系统研究，对线网的资源共享、信息互通、高效、节能等问题进行综合考虑，使其成果能够指导具体线路规划时的可行性研究，保证线网的先进性、系统性和协调性，极大程度地降低工程造价和运营费用。

(1)在做具体线路工程可行性研究的同时，在城市轨道交通路网资源共享思想的指导下，依照线网建设标准，对系统定位、车辆选型、车辆段与综合基地规划、供电方式、通信信号型式、环控设备、自动售检票设备以及换乘枢纽的建筑空间等方面的设计、优化制定控制性的方案及规定。

(2)在轨道交通沿线及枢纽站点地区的规划中,遵循城市公交一体化的思路,研究地下与地面交通方式衔接,提出轨道交通与其他公共交通之间的衔接布局模式、公共汽车停靠站设计、停车场设计和行人通道设施设计的原则和方案,提高整体交通运行效率,方便乘客出行。

(3)研究和验证规划时客流预测结论的科学性、真实性、前瞻性。需要根据路网形成后客流发展趋势,充分考虑城市及区域性规划、OD 调查资料、客流预测年限、规划人口、时空分布、价格调整因素以及政府行政措施的导向性等影响因素,研究如何为设计和建设线路的系统方案,以及为实际线路运营配备的各时期运力配置、车站规模、设备系统的能力及配套设施规模等提供较为吻合的客流预测结果,并对如何修正和验证在设计建设阶段因变化引起客流预测的偏差进行研究。

5.1.2 配线设计和建设对网络化运营影响的研究

在设计阶段首先就应该充分考虑线路的折返、线路之间的救援等特殊需求的配线以及综合考虑调车和车辆段联络线的设计方案。但是从目前北京已运营的线路中,因有些配线设计得不合理,已经影响到轨道交通网络化的正常运营。例如,有的配线设置无法实现故障列车联挂救援直接回段的功能,在实施救援中,过程复杂、时间长、动用列车数量多,且对正线运营的影响大。

其次,由于受建设初期投资与规划的影响,受土建条件制约,有些配线设计未能满足近、远期运能需要。随着网络化运营的发展,服务范围扩大,客流迅速增加,部分线路需要扩能加大编组、缩小运行间隔、提高折返能力,但建设规模、折返线能力和配线设置不到位,必然要进行车站土建结构、信号及线路设备设施系统改造,才能提高运能。

第三,随着北京城市轨道交通网络化发展,大型维修检测设备作业已经成为运营部门进行线路维修、检测的一种必要手段。为合理配备使用工务大型维修检测车辆、充分发挥其在路网中的作用,提高作业效率,为运营提供安全保障,根据 2015 年线网规划及联络线的设置要求,轨检车及探伤车按线路组团分 3 组作业,需要按作业需求采用全线网作业。但是目前由于有的线路在节点与线网不具备联络条件,并且配线与配线之间距离过长,线路之间的维修检测设备调度困难。

综上所述,通过分析总结运营线路中配线使用功能上的问题,避免在后续建设中重复出现类似问题,需要综合研究新建线路的联络线和渡线等配线的设计;研究既有线路与新线之间配线的匹配关系,即从已有线路的信号通讯、线路制式、车辆维修基地等方面统筹考虑实现良好的配线方案。

在研究方法上,可以通过主通道增长法和建设成本优化法的联络线布局方法,分析轨道交通联络线在路网中的数量关系,建立以连通图为基础的数学模型。

5.1.3 车站设计和建设对网络化运营影响的研究

5.1.3.1 车站能力设计对网络化运营影响研究

由于北京地铁线路建设的时序问题,致使路网布置不均匀,大部分线路高峰小时客流压力过大。还有,由于客流预测的偏差,对路网延伸和扩展后的服务范围增大时的客流吸引量估计不足,致使目前有些车站建设规模小,导致集散能力不足而影响到地铁车站运营效能甚至影响到路网整体效能的发挥。

从研究的角度,为避免网络化运营过程中再次出现类似问题,对车站能力的设计除了需要综合考虑车站设施设备配备能力和车站周围客流量外,还要研究建设的顺序是否带来路网客流不均衡,是否给部分车站和线路造成较大压力等问题;并且研究在临近建设阶段对客流预测的进一步验证和修正,提出周边土地新近开发和利用等因素导致客流变化需要重新检验和分析的必要性。

从技术方面,对于车站规模和乘降能力的研究,需要通过车站客运组织的需求,预测车站客运量和到站列车运行间隔等指标,并从路网中的转乘客流以及行车组织等方面确定和设计适宜的车站类型,满足近、远期车站集散能力的需求。

5.1.3.2 站内设施设备设计对网络化运营影响研究

车站内部设施分布合理的设计是影响网络化运营效能充分发挥的重要因素。由于北京城市轨道交通网络化运营的发展,导致某些换乘车站、普通车站及终点车站设施设备能力的明显不足,而影响网络运营整体效能的发挥。如某换乘站设施中,两线之间换乘通道狭窄,成为两线之间乘客换乘流动中的瓶颈;某站双向换乘客流共用 2 m 步梯,同时步梯一侧站台狭小、客流拥挤,影响车站乘客的乘降能力;无障碍设施的提供与高峰时段乘客利用步行梯进出站之间的矛盾以及电动扶梯在高峰时段能力不足等问题。充分考虑上述因素,从网络化运营中车站的客流组织方案及客流组织原则等多方面综合研究和合理设计车站结构设施设备,使设施设备等车站一体化。

除此之外,车站一体化设计中,还应重视进出站和换乘过程中的电动扶梯及直升电梯的设计。合理布局的电梯,不仅能够有效地快速疏散乘客,还可方便其他交通转乘的乘客转入轨道交通。尤其对于老龄化社会,具有前瞻性设备的设计更具人性化。从国内外考察中得知,这类设备提供得最为充足,最大程度地方便了各类乘客。

5.1.3.3 换乘车站衔接方式设计对网络化运营影响研究

当网络化运营规模扩大后,将形成更多的换乘车站。特别是北京地铁将形成许多老线与新线之间衔接的换乘节点,其合理的设计关系到新老线路和整个路网运营效能的发挥。如新建的 4 号线与 2 号线和 13 号线相交的西直门换乘站,由于在原有老线(2 号线)车站的设计中,仅预留了一个站台中心的“丁”字换乘口,对于大客流量的换乘车站,没有预留更充足的换乘条件,只有通过后期施工改造的大力投入,才能解决乘客在此站的乘降集散及安全疏导。还有,一些既有线车站原来没有预留换乘条件,最终多以通道换乘模式衔接新线路,造成乘客走行距离长带来换乘不便。

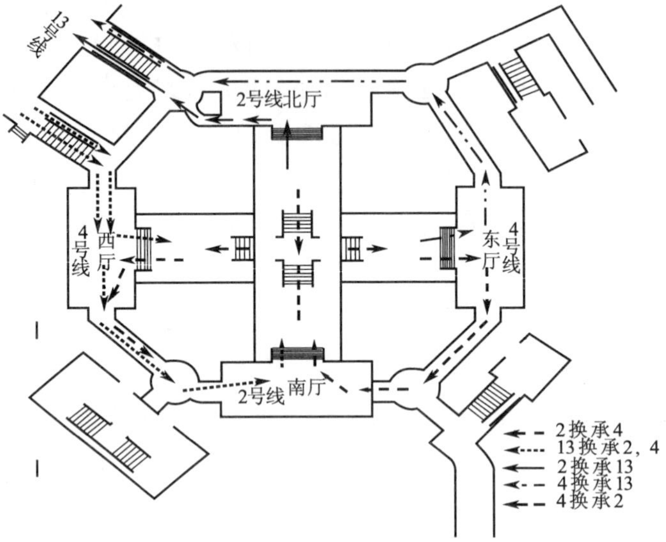

图 5－1 西直门站换乘示意图

为此,需要以保证安全为前提,综合研究考虑换乘效率、车站内部布局、客流组织方式等因素进行设计和建设换乘车站,并以"近期实施线路预留远期规划线路"的原则建设换乘节点,以确保规划线路稳定、换乘效率高、工程预留不废弃。

可以采用计算机数字模型反映复杂的换乘车站结构及客流组织的分析方法。利用仿真技术,从时间、空间以及客流变化的规律及组织原则和应急处置预案上,论证换乘车站衔接的设计方案。

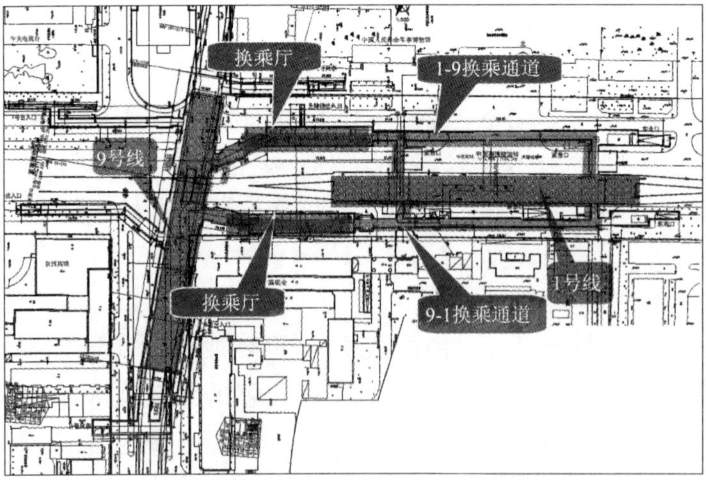

图 5－2 军博站换乘示意图

5.2 网络化运营组织及协调机制研究需求

运营组织是城市轨道交通运营管理系统的基础之一。运营组织通过行车组织及客运组织的运作，使静态的城市轨道交通系统变成动态的管理系统，同时把乘客的服务和设备联系在一起，完成运营组织的全过程。在网络化条件下，建立网络化运营体系，按照集约化、系统化和专业化的组织原则，实现从单条线路管理模式向集中控制、集中经营管理、全网统筹协调的网络化运营模式的转变。

5.2.1 行车组织

5.2.1.1 网络化运营条件下行车组织研究

轨道交通网络化在城市交通体系的规划、设计、运营和管理等领域都产生了深远的影响。城市轨道交通进入网络化运营阶段后，不仅为广大市民提供了更加多样的出行选择以及更加便捷、舒适的出行环境，同时也给城市轨道交通行车组织工作带来了许多新问题。

针对客流在路网的分布及其对行车组织工作的影响，需要结合路网客流分布特点，研究制定路网列车运行计划、相邻线路列车在换乘节点的衔接、路网列车运行图的管理方法、路网大客流情况下的行车组织办法；结合网络化运营的特点，研究路网调度规则等网络化运营相关规章制度等。因此，必须紧密围绕北京城市轨道交通网络化运营呈现出的各种特点，结合北京城市轨道交通运营网络化的实际情况，本着科学、高效、操作性强、以人为本的原则，研究路网行车组织，制定路网运营信息报送、路网列车运行图管理、突发事件应急处置、路网调度相关的规则、规定和办法，为北京城市轨道交通网络化运营管理工作提供理论基础、研究方法、规章制度和操作办法。

本专题需要开展以下几方面内容的研究。

- 研究并提出网络化行车组织与单线行车组织的主要异同点，科学、准确、前瞻性地定义网络化行车组织的基本概念、主要内容和基本特征。
- 提出制定网络化运营条件下轨道交通各线全日行车计划需要考虑的因素、方法的理论依据和步骤。根据城市轨道交通网络化运营的客流、行车组织模式多样化和路网结构、线路配置的特点和条件，研究网络化运营条件下开行方案的制定（包含列车交路、列车停站模式、编组方式等），研究不同开行方案模式的适用条件、分析需考虑的因素。

■ 分析路网中各线首末班车衔接涉及到的相关要素。研究不同运营条件下(正常运营条件、可预知大客流条件)首末班车衔接可能的不同模式及其模型,当模型相关变量(参数)发生变化时,能够得到不同衔接结果,对各衔接结果进行比选。

■ 分析换乘站衔接所涉及的相关要素。在客流调查的基础上,结合北京城市轨道交通的实际条件,研究铺划运行图时,考虑换乘站列车衔接的条件(哪些线路哪些车站,哪些换乘流向,什么间隔界限);研究不同的换乘站列车衔接方法、相应模型和算法;从铺划路网运行图的角度出发,研究衔接方法的适用条件。模型相关变量(参数)发生变化时,能够得到不同条件下的衔接结果,对各衔接结果进行比选。

■ 提出网络化列车运行图评估需考虑的指标(如运力与运量的适应性、各线首末班车及换乘节点的衔接吻合度等)、评价的原则和方法。

■ 根据客流分布特征,研究网络化列车运行图的种类,提出各线列车运行图统一管理的原则与方法(如规定统一的运行图名称、制定统一的列车运行图的表示形式以及时刻表的输出形式等标准)。

■ 研究已知大客流情况下对路网客流分布的影响,进行大客流情况下路网运能与运量的适应性分析,编制大客流情况下运力配置方案。

■ 研究异常情况下,如列车晚点、区间堵塞、车站乘客过度拥挤、道岔故障、列车故障、沿线设备故障等的客流组织,影响到正常的运营秩序时,在较短时间内使路网全部或局部运营恢复正常的路网行车指挥工作。

■ 研究路网应急协调指挥工作,编制路网调度规则。

■ 随着2009年地铁4号线开通,京港地铁公司正式加入北京轨道交通运营,从多运营企业和路网协调角度出发,依托指挥中心可以在不同运营主体之间建立起快速、高效、可靠的协调机制和快速反应机制,并有利于政府的行业主管部门及时准确了解城市轨道交通路网的运营情况,对各线运营主体的运营服务状况进行监管与考核,对不断完善紧急突发事件快速处置起着积极的作用。

从研究方法上,对于网络化运营条件下行车组织的研究,由于考虑的因素众多,且很多因素都具有较强的不确定性和不规律性(如客流变化、乘客出行偏好等),因此,应该采用不确定分析的方法对问题进行研究和分析。

5.2.1.2 路网运行图编制研究

列车运行图(Train working graph, Train diagram, Train schedule)又称时距图(Distance - Time Diagram),是城市轨道交通系统的综合计划,是指导轨道交

通行车组织工作的重要基础性文件，编制路网列车运行图是网络化运营组织工作的关键内容，也是城市轨道交通进入网络化运营阶段亟待解决的重点难题。

列车运行图是组织列车的基础，它是运用坐标原理对列车运行时间、空间关系的图解表示，是列车在区间运行及在车站到发或通过时刻的技术文本。列车运行图以列车为主体，在编制列车运行图时，需要受以下条件的制约：①时间条件即列车运行时分、列车间隔、车站间隔、机车交路、列车接续以及乘务组工作时间等；②空间条件即区间线路数目、车站数量以及股道配置等；③线路等设备维修条件；④社会政治、经济条件等。

目前，轨道交通运行图的编制在充分考虑高峰小时客流量及客流变化规律时，还需要综合考虑信号系统等设备能力、列车保有量、列车修程等诸多因素。在运力匹配方面，采取人工分析线路全日分时最大断面流量来进行运力的配置，同时分析有换乘关系的邻线断面流量，考虑本线路与邻线的运力匹配。首、末班车时间的确定原则是：根据通勤客流特点，首班车考虑郊区线路客流向市中心线路聚集，末班车考虑市中心线路向郊区线路发散，同时考虑换乘车站的换乘时间，制定相对合理的首、末车时间。随着路网逐渐形成规模，换乘节点的增多以及乘客出行路径选择的多样化将给运力匹配提出更高的要求。

铺划轨道交通路网运行图，不但需要满足铺划单线运行图时必须考虑的各项时间要素、列车交路、列车使用数量等约束条件，还要从网络化运营角度出发，考虑提高路网服务水平，增强路网运营的安全、效率、协调与稳定性。比如，考虑不同线路（郊区线路与城市线路）间列车在各换乘站的首末班车衔接的原则，不同时段路网不同线路间列车的衔接的原则，乘客使用时刻表的方便性等等要求。另外，还要研究路网条件下运行图的铺划模式，研究不同开行方案和运行图模式，结合所产生的运力大小及其适用性，分析列车折返及列车出入库方式；研究路网列车运用计划、路网乘务计划的综合优化；研究适应客流变化，依据特殊时期、特殊时段，编制多种类列车运行图；研究从网络运行图与客流的匹配程度和列车满载率等多方面，进行列车运行图的审核及优化。

以上这些问题将随着轨道交通网络的快速扩大、行车条件的日益复杂、运营服务需求的逐步增长，成为制约提高北京轨道交通网络化运营服务水平的关键技术因素。因此，应该尽早尽快开展路网列车运行图编制的研究，研究路网运行图编制的方法，研发具有自主知识产权的路网列车运行图编制系统。

从研究的技术选择上，由于轨道交通列车运行的规律性，适合利用计算机技术铺划运行图，特别是由于计算机硬件和软件技术的不断提高，目前对于较大规模的离散模型的求解已经变为可能。对于路网运行图编制的研究，可以采取离散模型、连续模型或者两类模型相结合,设计有效的算法。对比较复杂模型,可以采用启发式算法对模型进行求解。

系统在开发时采用.net语言开发环境+oracle数据库,即计算机网络编程技术和数据库技术,结合专家系统、人工智能技术与决策支持系统的特点,具有判断、推理和学习等智能行为。

5.2.1.3 提高运输组织能力的直通共线运营可行性分析研究

城市轨道交通网络化运营是通过综合能力的提高实现高效的运输组织,其表现在通过不断优化的运输组织和集中指挥、资源共享,信息化和自动化综合水平的提升,提高运输能力和服务质量,满足不断增长客流的需求。

目前,由于路网的发展,既有线路运输能力逐渐满足不了客流增长的需要,某些线路的咽喉区段导致整条线的能力下降,影响到列车正点率。由于高峰时段长期处于非正常运营状态,带来安全隐患。还有,在路网中当某条线路与相邻线路之间的行车组织出现不协调,相互之间的运力不相匹配时,会造成高峰时间段运输能力较低的线路上行车组织压力加大。如图5-3所示,北京地铁1号线上下行、5号线下行、10号线上行、13号线上行和八通线的下行在高峰时段的客流量都超过了线路的高峰运力。

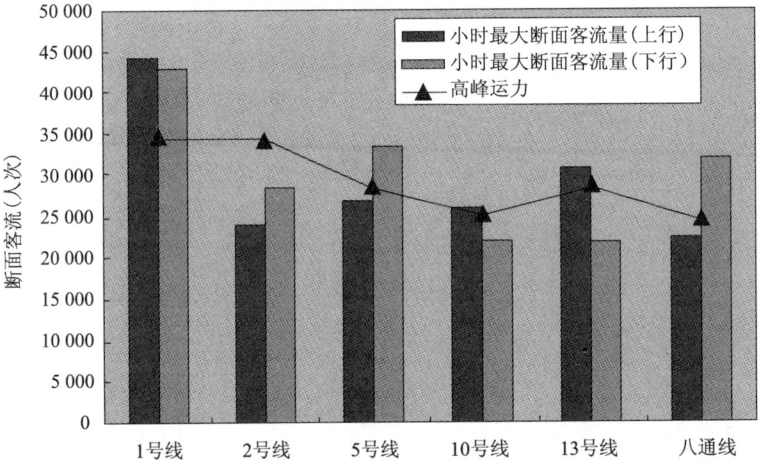

图5-3 2009年2月北京地铁平日路网各线运力运量匹配情况

早在1900年以前,德国卡尔斯鲁厄市在城市扩张过程中,其交通运营公司VBK(Stadtwerke Karlsruhe Verkehrsbetriebe)最初通过新建市域铁路和有轨电车线路来适应城市的发展,结果线路的建设速度无法满足城市扩张的速度。随后通过采用轻轨、市域铁路及城际铁路之间的共线运营方式来扩张城市交通,取得了良好效果。从此,共线运营方式在欧美和日本的城市轨道交通系统中被广泛推广应用。尤其在日本,共线运营方式的应用已相当广泛。表5-1显示了日本参与共线运营的各类轨道交通运营公司的统计数。参与共线运营的轨道交通公司总数占日本所有轨道交通公司总数的55%。通过发展共线运营方式,日本城市地铁列车的运营里程增加了将近1倍,详见表5-1、5-2。

表5-1 日本参与共线运营的各类轨道交通运营公司数统计

公司类别	高速铁路	城际铁路(长距离)	通勤铁路(电力牵引)	通勤铁路(内燃牵引)	城际铁路(短距离)	大运量快速轨道交通	轻轨	路面有轨电车	货运铁路	总计
国　铁	3	6	6	6	3	0	0	0	1	7
私　铁	0	2	0	13	39	4	33	13	36	78
地方公共团体	0	0	0	0	0	8	1	4	0	10
第三经济部门	0	4	2	36	16	7	1	0	12	60
总　计	3	12	8	55	55	19	35	17	48	155

表5-2 日本城市地铁系统的共线运营里程(km)

地区		地铁系统	地铁系统共线运营	轨道交通共线运营	规划共线运营
关东地区	东京都区	254.2	691.6	974.9	1 155.6
	横　滨	33.0	33.0	33.0	70.8
	川　崎	0.0	0.0	0.0	31.7
	千　叶	10.9	11.5	53.5	96.2
	小　计	298.1	736.1	1 061.4	1 354.3
关西地区	大　阪	140.5	196.3	271.4	299.6
	京　都	23.8	45.7	68.7	97.0
	神　户	22.7	51.9	156.5	156.5
	小　计	187.0	293.9	496.6	553.1
其他城市	名古屋	78.0	135.0	143.7	277.9
	福　冈	17.8	30.5	62.6	95.1
	长　野	12.5	12.5	46.1	
	札　幌	45.2	45.2	45.2	
	仙　台	15.8	15.8	15.8	
	小　结	169.3	239.0	313.4	373.0
总计		654.4	1 269.0	1 871.4	2 348.7

共线运营方式的优点主要体现在:①节省建设资金,提高城市轨道交通线路的利用率;②减少换乘,缓解换乘站的拥挤状况,提高轨道交通服务水平;③提供了多样化的城市轨道交通服务,创造社会效益;④通过市郊轨道交通支线与市域主干轨道交通线路的共线运营实现市域主干线对于其原非服务区的轨道交通服务,从而能使得非服务区的村镇能够通过主干线直达中心城。而共线运营方式的缺点主要体现在:①在参与共线运营方式的既有线路制式差异较大时,考虑共线运营方式所要求的系统兼容性,需进行线路制式改造;②共线运营的实现需要不同线路上的列车要有较好的运营协调组织,由于多样化的轨道交通服务,不同

交路形式的服务使行车组织变得复杂;③由于不同轨道交通线路系统的列车在共享路段上实施共线运营时的行车组织比较复杂,在一定程度上增加了运营安全性的风险。

通过研究和考察国外实现互联互运、直通共线运营的轨道交通网络化运营实践经验,对于综合运输能力的提高,不仅需要在设计建设阶段提前考虑线路、车辆、信号以及供电等方面的实施,例如建立标准化的设计和建设、选择制式一致或兼容的运营设备、在运营管理中搭建资源共享的信息平台支撑多条线路之间实现互联互通,还要在目前北京现有运营条件下,研究论证新线与新线、新线与老线、主线与支线之间直通共线运营的可行性。

在互联互通的运营模式下,部分线路(如城市中心线路与边缘支线之间)若能够采取共线行车组织方式,形成不同线路运营的列车跨线运行,将最大限度地方便乘客出行、减少换乘次数,并且充分利用共线区段线路的通过能力,在整个路网中同时具有分线独立运营、共线运营、独立与共线相结合的多种灵活的运行方式。其优点在于,不仅可以缓解换乘站的客流压力,还可方便乘客减少换乘次数和提高行车组织的运行效率。

目前在国内外一些城市中的轨道交通部分线路实现直通运营的背景之下,北京地铁正在努力优化行车组织,进行合理的运力调配,此时需要研究和论证部分线路实现共线运营的可行性,需要研究以下几点内容。

- 在今后新线设计和建设中,需要遵循统一的标准进行线路设计和设备选型,为新线或与既有线相结合的共线运营创造条件。
- 在没有统一设备的不同线路段上,吸收国外先进的经验,研究采取车载不同的信号设备和不同区段更换司机及共用车辆段,达到直通运行的可能。
- 研究各线路的客流量在不同时段、不同区段上的分布,交汇站的线路连接方式等,根据乘客需求,为提高服务质量可以采用的合理、灵活的运输组织方式。
- 评价分析各线路之间具备共线运营的设备条件,分析哪些线路适合共线运营,哪些线路中的共线运营会带来列车运营不均衡、列车在交汇站的交叉干扰以及非共线区段列车运营间隔较长而影响到支线客流量下降等。

5.2.2 客运组织

5.2.2.1 网络化运营条件下客流特征分析及预测的研究

掌握路网客流情况不仅是城市轨道交通路网综合规划重要基础,也是网络化运营管理中的重要依据。在网络化运营条件下,客流特征的分析及预测不同于单线运营组织模式下的指标统计和预测方法。此时需要以既定的票制票价为基础，对网络客流的统计指标、换乘站客流分析、路网客流预测等问题进行深入的研究，并需要作为长期不间断的一项研究内容。需要研究的主要内容包括以下方面。

- 分析网络化运营条件下的客流特征，研究网络客流的分类方法，准确、全面地定义和统计各类客流。
- 研究某线路所处位置和特点，通过分析不同线路上的客流组成的特性，将其结果用于不同时间或时期的车辆调配，甚至为共线运营的可能性提供依据。
- 研究网络化之后的客流重新分布及线路之间的客流比例关系，分析结果有利于行车组织协调和换乘车站客流组织。
- 研究换乘客流与平均乘距的变化，关系到快速轨道交通的运行效益问题。网络化运营后，在“一票无障碍换乘”的政策引导下，单一线路乘坐的距离减少，换乘客流比例有所增加，如北京地铁环线的平均乘车距离略有下降，而换乘量增加，这是网络化以来客流变化的特征之一。
- 研究网络化运营后的断面客流及客流分布。一条线路某一断面客流是乘客路径和乘客数量的函数，是计算运营规模、列车编组、发车密度、舒适度和满载率的直接数据。
- 研究运输能力与客流量的匹配关系，高峰时段的列车超载比较普遍，分析高峰小时行车间隔和车厢内的拥挤程度和线路的客流强度。
- 研究车站在全日和早晚高峰小时车站的上下行乘降及进出站客流，其数据不仅是计算车站站台、楼梯的宽度、自动扶梯数量的直接数据，也是车站客流组织的必要参照依据。
- 研究突发客流的时间性、方向性、冲击性的特征，提出对客流限时疏散的要求和特殊行车组织的预案。
- 进行客流波动性因素的分析和敏感性评价，合理确定需求规模，指导运营组织，评价经济效益。

北京城市轨道交通目前正处于快速发展时期，在城市布局、路网结构不断变化的同时，仅凭当前掌握的各线历史客流量数据预测和把握今后各关键换乘站、新线乃至整个路网的客流情况，具有很大的难度。所以可以尝试进行详细的周边出行调查，了解区域综合交通规划，分析不同票制票价下的客流灵敏度、换乘站乘客换乘行为，从宏观层面把握整体客流变化的规律和趋势，再具体地结合各线的客流历史数据和现状客流特征，定期分析客流变化，全面掌握高峰小时断面流量、换乘量、进出站量，及时采取应对措施。运用先进的预测模型和方法，对已经运营和即将开通规划的轨道交通网络客流做出科学的预测和分析。努力把握网络化运营的规律，建立应对大客流的长效机制，实现客流组织安全有序。

5.2.2.2 轨道交通网络客流清分、客票收入清算研究

随着我国城市轨道交通线路的网状规模逐渐形成，任意线路任意站点间进行换乘的需求也将增加。实现网络化多线运营的综合管理和换乘车站收费区内线路间的直接换乘；建立大型轨道交通网络在线票务信息系统和数据集中、实时、合理的清算体系；构建新型轨道交通网络化自动售检票系统架构；建立完整的系统安全体系，以实现合理清分及票款划拨，实现网络资源高效、合理的配置和使用成为了刻不容缓的问题。要根据轨道交通准公共产品的特性，在加强政府监管和社会监督的前提下，以客流为导向，完善城市轨道交通清分模式，兼顾轨道交通的经济效益和社会效益。

城市轨道交通网络化运营后，由于网络节点中不出站换乘（收费区内换乘）车站的承上启下的功能，在城市轨道交通网络内，衍生出许多新的轨道交通线路（衍生线路）。这些轨道交通线路联运的衍生线路不但为乘客提供了交通方便，同时也向乘客提供了多种换乘路径（多路径）。而且由于线路运营里程的增加和延伸，城市轨道交通迎来了从单线运营到多线运营的扩展阶段。一条线路由一家公司投资经营的模式将被打破。线路专营权由轨道交通运营调度机构进行拍卖，运营商在专营期内负责运营，同时承担运营管理的经营风险，从而形成轨道交通“网运分离”的经营思路。届时，将会出现数家公司同时参与投资建设和管理经营的现象，单一的人工分账方法已经不能处理如此庞大的账务。建立一种公平、合理的清分方法，尽可能保障投资方和运营商的利益，已经是目前轨道交通发展的迫切需要。表 5－3 为部分城市的轨道交通换乘方法与清分方法。

清分又叫清算，指自动售检票系统清算管理中心（Aum Fare Collection Clearing Center：ACC）按照一定的清分规则将合法交易数据对应的资金（即清分对象）在各利益相关方之间进行分配，并将清分的结果详细列示出来。具体说，就是把服务接受者（包括乘客、票卡等运营对象和收益，是利益的贡献者，即系统的清分对象）所上缴的全部收益，按照各服务提供者（包括车、站、线、运营分部等运营实体，是利益的分配者，即利益的分配主体）的贡献进行有效的利益分配。简而言之，轨道交通票务清分的实质就是：依据一定的原则，计算并分配轨道线网中各运营实体的贡献。

表 5－3 若干城市的轨道交通换乘方式与清分方法

城市名称	城市轨道交通长度	联网状况	投资情况	换乘方式	清分方式
纽约	432 km	全部联网	不同财团投资	同一财团投资下的线路可以在付费区内一票换乘，不同财团下属的线路不可一票换乘	跨财团之间的线路换乘清晰，清分方法不详

续上表

城市名称	城市轨道交通长度	联网状况	投资情况	换乘方式	清分方式
芝加哥	173 km	全部联网	不同财团投资	付费区换乘时要求使用 CTA 卡，在换乘入口插卡不扣除费用	换乘留有标记，路径相对清晰
巴黎	330 km	全部联网	全部国家投资	所有线路之间采用付费区换乘	不存在清分问题或者清分相对简单
东京	248 km	全部联网	不同财团投资	同一财团投资下的线路可以在付费区内一票换乘，不同财团下属的线路不可一票换乘	跨财团之间的线路换乘清晰，清分方法不详

与票务收益清分相关的属性很多，主要包括建设成本、车站数量、线路里程、换乘站数量、换乘方式、行车间隔、服务时间、票务政策等。由于线网是动态发展的，线网中线路的属性也是不断变化的。很显然，依据的属性原则不同，计算出各条线路的经济贡献也就不同。因此，轨道交通系统票务收益清分的关键在于制定相对合理的清分原则。以此为基础，细化出一系列清分规则，再转化为清分算法，进而计算线路的分配比例。

广义的清分对象包括 ACC 根据清分规则处理的所有数据，包括票款收入、票卡制作成本等各种类别。清分规则是指处理清分对象所依据的规则。轨道交通的线网规划、管理模式、运营管理方案，直接决定影响票务收益清分主体的选择，常见的清分主体有 4 类：发卡主体、运营主体、线路和区域。

(1)按发卡主体清分：为实现与其他交通工具的无缝衔接，不同的发卡主体在同一 AFC 系统中的消费能分别结算。

(2)按运营主体清分：目前城市轨道已逐步采用多运营商投资共建的形式，不同线路所属的运营商不同，但线路间均采取无障碍换乘。为此，AFC 系统须按运营主体分别结算各自收益。

(3)按线路清分：以线路为单位，累加该线上所有站的收益贡献。

(4)按区域清分：以区域为单位，累加区域内所有站的收益贡献。

轨道交通线网成形后，乘客从某起点(O)至某终点(D)有多条路径可选择。乘客的选择行为通常受票价因素、时间因素、距离因素等影响。基于这些影响因素，主流的清分原则可归纳为 4 类。

(1)路径最短原则

如某乘客从某起点到某终点所经距离最短(或经站数最少)，则确定该乘客走此路径，即把该乘客的贡献清分给该乘客的起点站、终点站和换乘站(如有则清分),清分给该路径经过的线。这种规则符合目前绝大多数地铁的收费模式和乘客习惯。

(2)时间最短原则

如某乘客从某起点到某终点,所花费时间最短,则确定该乘客走此路径,即把该乘客的贡献清分给该乘客的起点站、终点站和换乘站(如有则清分),清分给该路径经过的线。但由于花费的出行时间包括了行车时间、等待时间和换乘时间,容易造成清分规则的复杂化,因此相对路径最短法而言,最短时间法过于复杂,不利于算法的简便可行。

(3)换乘次数最少原则

如某乘客从某起点到某终点,其换乘次数最少,则确定该乘客走此路径,即把该乘客的贡献清分给该乘客的起点站、终点站和换乘站(如有则清分),清分给该路径经过的线。这种思路也在一定程度上符合乘客习惯,适合作为路径最短规则的补充。

(4)所用车费最少原则

当存在对某一路径采用优惠票价时使用。如某乘客从某起点到某终点,其中一条路径所花费的费用最少,则确定该乘客走此路径,即把该乘客的贡献清分给该乘客的起点站、终点站和换乘站(如有则清分),清分给该路径经过的线。但由于目前国内几乎所有的轨道交通收费体系中两点的票价均为固定值,所以这种规则并不适用于我国。

随着城市轨道交通网络线路的不断增加,路网规模和交错程度日益复杂,乘客可选路径逐渐增多,客流在轨道交通系统内随时间和空间的变化异常复杂。

掌握网络客流在网络中各线路、各换乘节点的分布特点和规律,是制定路网运输方案,研究路网运营协调与突发事件的重要基础。另外,部分城市的轨道交通网络中出现第二个运营主体,例如在北京轨道交通网络中,香港经营 4 号线。整个路网将呈现出利益主体多元化的现象,不同运营主体间的客票收入清算,也必须根据乘客的走行路径来确定。

因此,对城市轨道交通网络路径选择的深入研究势在必行,要切实掌握路网客流在网络中各线路各换乘节点的分布特点和规律,根据路网客流清分模型,研究基于客流 OD 进行路网各线路客流随时间和空间分布的分析和计算,研究换乘站客流的流向与流量、断面客流量的模型和计算方法,为多运营主体间提供公平、公正的票款清算方法。

5.2.2.3 换乘站客流组织示范性研究

随着交通体系中的轨道交通建设速度的加快,轨道交通周边乘坐轨道交通出行的人数在迅速增加。作为线路与线路之间的换乘站、其数量也在不断地增加。由于换乘站中的客流量大,流向较多,因此对于换乘站的客流组织管理已成为轨道交通客运管理中的难题,也是地铁运营中需要解决的重要问题之一。

城市轨道交通网络化运营后最大的特点是多线交汇形成多个换乘枢纽,构成“枢纽型”的网络结构。换乘枢纽站一般设在城区的重要商业街区、交通枢纽、城市中心等大型客流集散地,成为网络的重要节点,客流在换乘站大量集散,也是路网运营组织、客流输送管理的中心环节。

以北京为例,北京地铁换乘站的客流量正随着路网线路的增加和客流吸引力度的加强而快速攀升,2009 年 3 月比 2008 年 6 月路网换乘客流量增长了近 70% 。

换乘站中的乘客借助于换乘站内提供的设备、设施和服务,进行转乘去往各自的目的地。

地铁换成站客流组织需遵循以下原则。

(1)随时掌握客流变化规律,经常统计分析客流量,监视客流的骤变,同时密切注视乘客的安全状况。

(2)合理设计乘客流向,在站台、楼梯、大厅处尽量减少客流交叉和对流,并设计标线,要求乘客在楼梯和扶梯上尽量靠右行走和站立,有序上下。

(3)在客流容易混行的区域,如大厅或楼梯等处,需设置必要的安全线或栅栏隔离,以免流向不同的乘客互相干扰。

(4)引导乘客在换乘通道单向流动,以免双方向大客流相互冲击。

(5)完善统一导向标识系统,准确快速地分散客流,避免乘客交叉聚集和拥挤。

(6)应尽量为乘客提供方便,减少进出站和换乘时间及距离。

(7)应有站内空气、温度调节设备,并设置无障碍通道。

(8)应建立完善的突发事件应急客流组织和统一指挥系统。

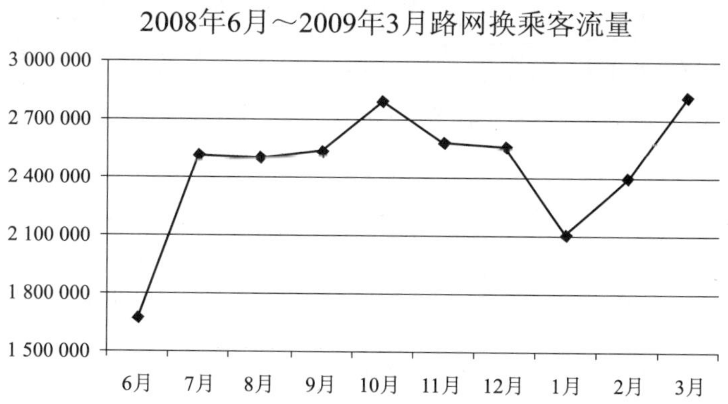

图 5－4 北京地铁换乘站客流量

在网络化运营的条件下,对换乘车站的客流组织提出了更高的要求。在客流量快速增加的同时，不仅需要深入研究安全的客运组织，还需要进行如下研究。

■ 换乘车站设备合理布局的研究

研究换乘车站合理的设备布局，使换乘站人流顺畅，在最短的时间内疏散客流，发挥设备的最大利用效率。设备的布置一定要根据不同客流的走向安排，例如栏杆或安全线的合理设置，以减少各类客流的交叉干扰。同时还应考虑其他设备如何充分发挥利用效率，如扶梯能力、通风和照明的舒适度等，提高换乘站服务水平。

■ 人群管理的研究

在客流组织中，需要研究轨道交通人群管理的理论。只有对乘客群体特性和心理以及他们在时间、空间、接受信息能力和相互之间的作用等因素分析之后，才可能更加深入地掌握和了解乘客在不同状况下的不同需求，才可能更加科学合理地组织和疏导换乘站乘客。

■ 换乘站乘客导向标识系统设计的专题研究

专题研究换乘车站的导向标识系统。车站客流安全有序的流动，离不开导向标识。尤其是换乘车站的标识设计应符合衔接线路之间统一的标准规范，设置合理的位置，符合乘客接受信息的心理和行为、颜色及材质，达到效果一致性，采用具有优先地位的标识设计思路。

综上所述，首先应进行试点站的示范性研究，研究换乘车站客流组织中存在的不完善方面，从方便乘客角度，优化换乘站的客流组织方式，提高换乘效率，改善交通换乘衔接，给乘客提供优质服务，然后将研究成果扩展到其他换乘站，从而实现地铁网络的最优化。

5.2.2.4 特殊运营状况下客流组织研究

特殊运营状况分为非正常情况和紧急运营状态两种。

在非正常情况下，如列车晚点、车站乘客过度拥挤、道岔故障、列车故障、沿线设备故障等情况下的客流组织，影响到正常的运营秩序。但是行车指挥系统按照应对方案及时进行调整后，在较短时间内使运营恢复正常，可能未对乘客的人身安全造成影响。

而紧急运营状态下，如发生火灾爆炸、地震以及雨雪风暴等自然灾害、设备故障导致大范围停运，部分区间或全线无法运营。在这种状态下，有可能出现人员伤亡的严重后果，必须采取网络化资源的紧急调配、人员调动和统一指挥进行紧急减灾和抢险。因此，轨道交通防灾救援和客流组织疏散系统如何应对突发事件是网络化轨道交通面临的重大课题。

■ 研究网络化运营中特殊运营状况客流的规律和联动机制。

■ 研究运营部门配合路网指挥中心的防范措施和应急处置能力，协同应对网络化运营中的突发大客流。

■ 研究高峰时段限制进站问题。通过监控手段,统计分析客流量达到车站的限值时,发布预警,采取相应的限流措施、封站等措施。

■ 完善相关客流组织的预案和员工在特殊状况下的培训计划。

5.2.2.5　枢纽换乘车站管理及资源整合的研究

在网络化运营管理模式之前,轨道交通线路管理的重心在单条线路,主要特点是按线路设置管理部门,各线路具有充足的运营资源和客运服务整体系统,包括列车、车站、信息和设施设备等方面。

而当北京城市轨道交通步入网络运营时期,已运营线路9条,具有换乘和枢纽功能的车站19个,其中部分车站仍采取分线管理模式,对换乘枢纽站的设备统一布置和紧急状态时资源共享以及人员统一调配等都存在一定的问题。因此,需要研究或论证在一个运营分公司负责管理多条线路管理的构架模式下,结合"一套班子区域控制多条线路"的组织模式,即由枢纽站长领导枢纽值班站长、客运服务和设备操作岗位,研究各个岗位分别负责多条线路的管理措施;研究统一运营商不同运营分公司之间相互协调管理,以及不同运营商之间相互协调,资源调配的问题,将有利于实现枢纽车站行政、客运组织、监控集中管理和信息的资源共享,将有利于应对各类突发事件。

目前车站设备正向网络综合自动化方向发展,车站设备综合控制系统可以将设备,包括防灾报警系统,还有电梯、空调、通风、供水、排水等设备组成的环控系统以及供电监控系统等集成起来,实现对枢纽车站所有设备的集中监控与综合自动化。

5.2.2.6　网络化条件下运营服务设计及评价的研究

城市轨道交通运营服务综合了多个专业。以往北京城市轨道交通服务都是借鉴一些大的交通企业模式,如铁路交通、公交系统等,在服务的软件和硬件上针对轨道交通网络化发展后形成的复杂问题的设计考虑不够。诸如在线网不断变化情况下,随时更新和设计出资讯更加丰富、查询乘车信息更加方便的免费手册,及时审视换乘站标识的正确引导、在接驳与转乘过程中需要为老弱病残孕等人提供更多的服务设施和更人性化的服务等等。网络化条件下不只需要老线的服务跟上发展的需要,对于在建线路或者已投入运营的新线也需要服务的前期设计和实施上的完善,才能满足乘客多方位的需求。

服务是需要不断更新和发展的,虽然在一定程度上服务系统构成(包括硬件系统设计、信息系统设计、服务人员作业设计以及系统运作设计等)是确定的,但随着企业或者服务对象以及需求的逐步变化发展,服务本身也要不断地创新、重新开发、规划、设计、改进和完善。特别是,随着线路的增加、服务难度的增加以及多运营主体之间竞争的出现,服务设计对于网络化条件下轨道交通的发展有着重要的意义。在软、硬件服务设计方面，服务的内容和方式都应该不断创新、丰富和发展。

在服务内容的优化上，要根据网络化运营的新情况、新需求，开拓思路，结合各个车站的不同状况，满足乘客的不同需求，开发设计有差异化的服务；在服务方式的完善上，要结合新时代、高科技的特点，实现服务全面的信息化、功能模块和多元化，体现轨道交通信息服务大众性的特点；在服务内容设计上提供全方位、多手段、多通道和附加值高、概念新颖的体验式服务，诸如综合应用3G、蓝牙等增值无线网络，实现全网络内的服务信息互动，打造网络化条件下全新的城市轨道交通运输服务模式的标准和典范。

在理论研究方面，虽然服务业的历史久远，但到目前为止，还没有一套公认的、成形的服务设计方法。与有形产品不同，服务的无形性使得服务设计较之产品设计更为复杂。而针对城市轨道交通服务系统的规划与设计主要按照其系统特点和系统结构入手，基于人因工程学原理，采用人体测量学方法、Persona方法、任务分析方法、层次任务分析法（HTA）等研究分析方法，并综合使用服务蓝图工具、乘客效益模型工具进行服务设计，同时结合最新科技，倡导新技术支持的新服务，利用新服务推动轨道交通网络化运营的新发展。

5.2.3 网络化运营协调机制

城市轨道交通的协调发展对网络化运营具有重要的意义。面对北京城市轨道交通网络化运营的新格局，需要协调政府与运营企业以及运营企业相互之间的关系，形成全面、有效的城市轨道交通网络平衡和科学发展的协调机制。实现规模经营和整体功能最优、负效应最小的网络化运营。

目前，北京的城市轨道交通网络化运营尚处于起步阶段，有效的相关专业性政策法规、协调机制尚有不足，处理协调关系的具体问题时，往往需要权威性指导意见。因此需要通过完善城市轨道交通协调机制的政策法规，用以指导网络化运营有序地发展。

5.2.3.1 运营与投资和建设之间协调机制的研究

城市轨道交通具有投资规模大、回收周期长的特点。为了加快北京城市轨道交通建设的市场化进程，打破垄断局面，建立新型的融资、建设和运营模式，需要进行三者之间协调机制的研究。

因此，为采纳运营部门对投资、建设提出的建议，以免造成设计、施工对今后运营遗留一定的隐患，需要从北京城市轨道交通网络的发展和地位出发，协调运营、投资、建设之间的关系，建立相应的协调机制；需要研究城市轨道交通运营部门在城市轨道交通规划、建设的决策中的作用，研究城市轨道交通运营部门在建设阶段如何介入和参与，并且通过制定相关的政策法规，来解决城市轨道交通建设和运营之间的衔接问题。

5.2.3.2 客流培育及客流合理分布协调机制的研究

从政府层面,需要充分研究和分析客流培育期的影响因素,制定行之有效的政策,缩短客流培育期,提高出行客流的吸引量。为此,需要研究通过政策措施的变化,调整出行结构,使社会资源得到最大化的利用。

但是,目前由于2元票价的出台给北京地铁一些线路造成很大压力,影响乘客的安全出行,北京地铁运营公司为了保证乘客安全,需要地面公交、地面交通设施与城市轨道交通相互配合,安全疏散地铁客流。因此需要研究城市公共交通与城市轨道交通的合理配合,研究城市公共交通配车及承担客流量的方案,研究地面设施及地面公交线路走向与城市轨道交通合理配套的方案。

城市轨道交通投入运营后,如果没有根据客流需求特点的变化对常规公交线路的数量、走向等进行调整,将会导致轨道交通线路不能正常发挥其运输效能和缓解市内地面交通压力、提高城市综合交通系统的运营效率的作用。因此,需要建立城市公共交通一体化运营和管理系统,完善对各种交通方式的统一管理和协调,规范和指导各种交通方式经营企业的行为,并建立相应的法律法规保证这种管理的权威性。

5.2.3.3 政府与运营企业在票制票价制定中的协调机制研究

北京地铁的票价是由政府确定且非常刚性。新的2元票价方案体现了公交优先和惠民、便民的政策,显示轨道交通公益性的定位。通过采用低票价政策,引导市民优先选择轨道交通出行,将缓解地面交通拥堵,便捷市民出行,改善空气质量。但是,低票价使北京地铁各线路和车站增大了负荷,给乘客的出行带来了安全隐患。

根据网络化的需求,研究票价的调整对运营安全的影响,研究是否可以在政府限价之下,允许运营企业根据自身经营状态进行适度调整或通过一些营销策略进行票制票价的调整和浮动,确定调整范围,研究建立相应的协调和监管机制等问题。

作为城市基础设施,轨道交通服务是公益性事业,在低票价政策确定的前提下,为了保证城市轨道交通运营企业的正常运作,需要政府给予合理的补偿,为运营企业增加运力、扩建车辆段提供支持。

5.2.3.4 监管政策的研究

监管政策体现了政府对资源配置与利益分配的干预,对企业行为进行某些限制和诱导,从而对产业发展的方向进行引导。政策的研究、编制,需按科学方法,通过系统分析,建立一套周密完整的政策体系,图5-5为交通运输政策的编制程序。

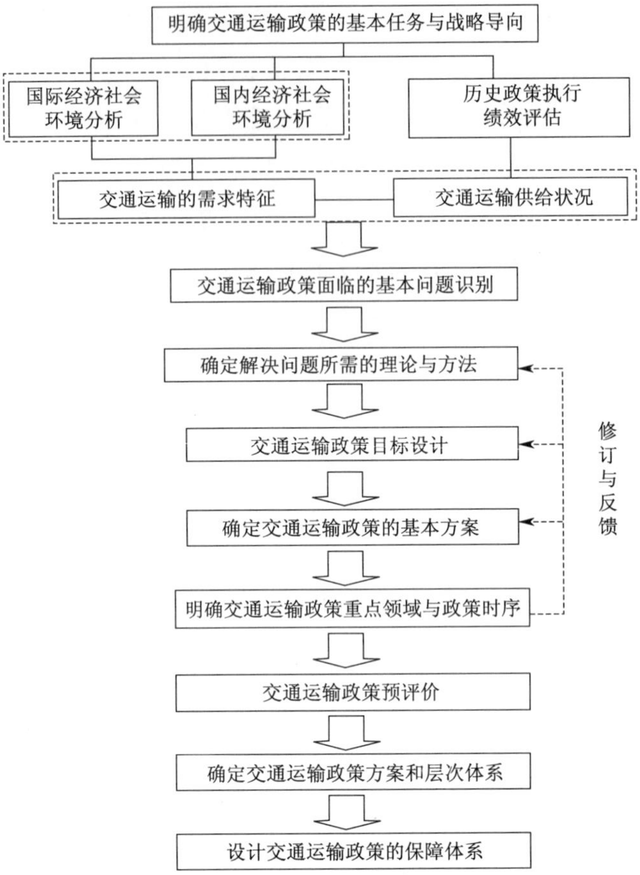

图 5－5 交通运输政策的编制程序

以香港地铁为例，政府对于香港地铁的监管主要体现在香港地铁定期向政府提交报告，包括：基准及承诺表现年报；进行新项目报告；实施新科技报告；有关评估及记录铁路表现的独立外间审核报告；乘客投诉、意见及已采取行动的报告；外间独立安全报告；顾客满意程度报告；特别事故及调整列车服务报告。定期向公众发布的信息包括：每季服务承诺表现及乘客投诉数字；全年的服务承诺；全年的安全记录；全年的列车服务数据。定期进行会议，包括：汇报表现；确定服务指标；汇报服务承诺。

通过研究国内外监管政策，参考政策编制程序，研究制定政府监管政策，明确政府对城市轨道交通监管的内容及其监管的手段等，建立公正、公开、公平的监管机制，从而提高城市轨道交通的运行效率、保护投资者和乘客利益。研究针对城市轨道交通安全运营标准的监督政策，对运营商提供服务的质量及运营商与乘客之间关系监督。

5.2.3.5 多运营主体协调机制的研究

从国内外轨道交通建设的发展历程分析，线路建设通常是分阶段、分步骤实施，建设时间跨度达 3 ~4 年，而且线路规划往往随着城市社会、经济发展做出适当的调整。线路控制中心一般都是随着线路的建设周期同步完成,这样就形成了国内外大多数城市所采用的"一线一中心"的分散建设和管理模式。

随着轨道交通线路建设规模的扩大,轨道交通路网的逐步形成,国外轨道交通发达的大城市已经初步意识到"一线一中心"的模式给运营管理带来极大困难。首先是轨道交通路网形成后,不同线路之间的运营已经密不可分,一条线路的行车和客运组织管理必须和相邻线路进行协调和配合,才能保障线网运行安全;其次是虽然利用现代通信技术和信息技术,可以实现远程信息共享和交互,但这种远程沟通和交流往往造成信息缺失,特别是在处置突发事件时,指挥效率较低。

随着城市轨道交通的飞速发展,部分城市出现多个运营商,由此带来多运营商之间需要协调的问题。政府需要对运营商之间的关系、运营合作、安全及突发事件处理等问题出台相关的协调政策,建立相应的协调机制。

5.3 安全保障研究需求

实现城市轨道交通各个专业系统安全、可靠、高效的运行,才能保证整个路网运营功能效益的最大化。因此运营的安全保障对实现网络化运营尤为重要。

5.3.1 设施设备安全管理

城市轨道交通基础设施和设备(设备包括:车辆、供电、通信、信号、机电、土建、线路、FAS、BAS等)是实现安全管理的物质基础。需要研究这些方面保证安全运营的技术性能、安全防护措施等,如以下两大部分。

5.3.1.1 土建设施安全管理的研究

需要研究土建设施在火灾、地震、水灾、风灾等各种灾害作用下的破坏机理和抵抗能力;研究土建设施在防火、防震、防水、防冰雪、防重大运营事故、防施工诱发灾害、防恐怖袭击等方面的安全措施;研究地铁网络化运营条件下的土建设施健康安全检测监测技术。

例如建立地铁系统防止地震、塌方事故的灾害预警系统;建立地铁防水灾害技术安全设计体系;建立地铁地面线路桥梁的振动和损伤监测系统;建立地面轨道变形和路基沉降的安全监测系统等。

5.3.1.2 运营系统设备安全管理的研究

为了进一步提高北京地铁网络化运营设备系统的技术水平,从而保证地铁运营安全,需要在事先控制和以技术防范为主的指导思想下,运用现代设备的科学管理方法,在安全技术装备的选型与配置及其系统集成,车辆和机电设备的安全装备、安全标准和技术参数等方面进行研究,确定设备满足地铁系统在各种条件下的安全设计原则和技术标准,实现对地铁网络化运营设备管理的科学化和现代化。

例如,研究各种设备的故障管理模式和管理控制机制;地铁设备维修社会化、专业化、网络化的模式和体制;各种设备的状态监测和故障诊断系统及技术;地铁设备预知维修模式的综合技术研究;地铁设备疲劳损伤在役检测和安全寿命评估系统等。

5.3.2 突发事件管理

5.3.2.1 网络化运营条件下应急预案的研究

通过安全设计、操作、维护、检查等措施,可以预防事故、降低风险。但若要达到更加安全,需要制定在发生事故后所采取的紧急措施和应急处置预案,充分利用一切可能的力量,在事故发生后迅速控制事故发展并尽快排除事故,保护乘客和员工的人身安全,将事故对人员、设施和环境造成的损失降低到最低程度。应急预案是应急救援系统的重要组成部分,针对各种不同的紧急情况制定有效的应急预案,不仅可以指导各类人员的日常培训和演习,保证各种应急资源处于良好的准备状态,而且还可以指导应急救援行动按计划有序地进行,防止因行动组织不力或现场救援工作混乱而延误事故救援和造成人员伤亡及财产损失。

5.3.2.2 非正常运营状况下统一调度指挥的研究

在城市轨道交通网络化发展进程中,线网之间的关联度越来越高,监控、协调、应急指挥及信息传递对整个网络安全、正常运营起到极为重要的保障作用。当网络中的某一线路局部发生非正常运营时,及时协调可能波及的线路和共享设施,控制线路局部非正常运营情况的扩散,消除或减少局部事故对整个网络的正常运营带来干扰尤为重要,因此需要进一步研究在路网不断发展下、各种因素不断变化时,非正常运营的统一调度和协调指挥。

5.3.2.3 应急资源统一调配的研究

地铁系统资源统一调配的目的是通过资源的有效配置,提高对各类突发事件的整体应急能力,减缓突发事件所造成的影响和快速恢复正常运营秩序。应急救援资源配置主要分为应急设施的选址和应急资源配置与调度。各专业的应急资源选址、配置和调度是否优化直接影响到整个地铁网络的应急抢险工作的效果、效率和成本。

在网络化运营条件下,保证地铁安全运营的各种应急资源比过去将大幅度增加,因此对这类资源应统一规划,合理统筹配备,减少重复设置,实现资源利用效益最大化。

5.3.2.4 突发事件信息发布的研究

随着地铁新线的开通,地铁逐步形成了多条线路的网络化运营,信息传播的网络化是应急管理的必然要求。应建立地铁系统在各种突发事件中的信息通报,信息发布机制,从而减小突发事件对于整个地铁运营网络的影响。

不断扩充、提升、完善乘客信息服务系统(PIS),充分利用PIS系统在有突发事件时,对乘客进行有效的引导和疏散。

5.3.2.5 应急救援及人员疏散的研究

地铁进入网络化运营后,突发大客流引发的安全问题更加突出,需要对客流采取有效的措施进行疏导。

(1)网络化运营条件下的人员疏散规律的研究

人员疏散的问题涉及建筑物的结构、火灾的发展过程和建筑物内人员的行为三种复杂因素。目前在计算疏散时间时,大部分情况下都是只考虑疏散通道总宽度的影响,采用简单的公式法计算,这种方法无法考虑建筑物结构和人员行为对于人员疏散的影响。随着网络化运营时代的到来,对于人员疏散问题,除考虑地铁车站建筑和功能上的特点外,还应考虑地铁车站这一特定环境下人群疏散的行为规律,从心理、行为、认知、行动能力、表现的现象等多方面,对车站人员疏散的规律进行深入研究。

(2)网络化运营中人员疏散动态标识系统的研究

地铁乘客作为一类特殊的人群高度集中在公共场所。面对自然灾害、突发事件即地铁出现突发大客流时,必须遵循应急预案做好常态下和应急状态下人员的应急疏散和救援工作。而地铁乘客疏散动态标识系统则是在灾害时最贴近人员行为活动的应急系统。合理有效的标识,能够使受灾人员第一时间评估自己的受灾状态、缩短应急疏散的时间、提供一个合理的应急疏散路线,以此确保地铁应急救援工作的顺利进行,保障乘客的安全以及防灾应急预案系统中各项调度指挥系统、应急救援系统的正常运作。因此,对于地铁网络化运营的人员疏散动态标识系统优化研究工作就显得尤为重要。

(3)网络化运营条件下人员疏散的标准和规范的研究

地铁人员疏散研究的实质是一个多目标优化问题,需要通过大量的调查和研究,才能使人员疏散的合理性和有效性得以充分的发挥,进而最大限度减少地铁灾害对人的影响。目前,我国已充分意识到了灾害时人员应急疏散的重要性,但是同发达国家相比,在科学的应急疏散策略、不同部门间的协同合作、资源的合理利用等方面仍存在一定的差距。因此,应加强地铁网络化运营防灾应急工作指南(包括常态与非常态的应急疏散能力)的编制研究。

5.4 资源配置及共享研究需求

城市轨道交通网络化运营是通过网络统筹、系统整合,实现资源利用共享与集约化使用,通过运营权集中统一于多条线路共用的控制中心、车辆段和综合维修基地、票务中心、仓储中心、主变电站、换乘站、办公设施以及实现信息共享和人力资源的合理配置,实现网络化运营管理的规模效益,提高整体效率和服务水平。

5.4.1 车辆段共享

北京地铁线路的建设,从初期到现在跨越的时间很长,既有40年前修建的线路,也有近几年修建的线路,目前仍在大规模地建设新线。在车辆段的能力设计上,应在保证本线路需求的同时给未来预留能力。目前由于北京地铁运力不断提升,运营时间延长,车辆的数量不断增加,车辆段在建设时对资源共享考虑不足,给车辆段的能力及共享带来了一定的困难。

车辆段共享有多种形式,多种理念。要实施适合于北京城市轨道交通网络化运营特点的车辆段资源共享,应该进行以下几方面的研究。

5.4.1.1 车辆段资源共享的可行性研究

本课题需要评估目前车辆段各种设备设施的能力,评估能否满足目前的运营需求,是否存在资源共享的可能;研究车辆段采用何种共享方式更为可行并且易于实施;研究如何合理设置联络线,掌握车辆段资源共享的水平和程度。由于车辆段、停车场资源共享程度越高,越会带来大量检修车的取送工作,这不但会增加运营的成本,另一方面也会给线路的养护带来不便,因此在考虑资源共享的同时,还需充分考虑今后运营的因素,包括运营成本、运营的行车计划、检修车的空走距离是否过长、车辆检修工艺是否适合资源共享。总之要从多方面进行评估,使资源共享效果达到最优,实现真正意义上的节省资源。

在国内地铁也有车辆段共享资源建设方面的经验,如香港地铁的6条运营线路,按市区地铁与郊区地铁仅设置了两个车辆段;上海轨道交通近期线网车辆基地规划为:13条线路设置车辆基地20处,包括车辆段6个、定修段8个、停车场9个,其中段场合建有3处。段场合建是指将不同线路的两个车辆基地合建在一起,通过段、场之间的地面联络线,实现不同线路之间的连通,从而实现两个车辆基地运用、检修设施的资源共享。

5.4.1.2 车辆段能力设计建设的研究

主要解决车辆段在设计建设时,应根据车辆的修程修制,借鉴国际先进的修程规定,并且考虑与北京地铁实际情况,在满足当前需要的前提下建设车辆段,并且合理地为未来预留能力,可以实现一定程度上的资源共享但又不造成新的浪费,同时也要满足各条线路功能的最大发挥,达到节约资源的目的。

研究适应网络化条件下具备一定程度资源共享的车辆段设计标准;研究车

辆的修程修制;研究国内外相关的车辆段设计先进经验,指导未来线路车辆段的设计和建设。通过上述研究,指导未来北京城市轨道交通车辆段资源共享的实施。

5.4.2 供电系统资源共享

目前每条线路独立使用自己的供电系统,不存在跨线供电。但是在换乘站设计了不同线路上下站厅供电的预留接口,可以在换乘站的不同站厅形成相互供电,但这只是在紧急情况下提供临时的供电支持,保证通风,照明等设备急需用电的需求,而不能提供车辆的牵引供电。

现阶段北京正在大力修建城市轨道交通线路,将在有条件交叉供电的网络节点上进行预留集中供电能力的试验,为 2015 年后的北京城市轨道交通网络供电系统的资源共享进行探索。

5.4.2.1 北京城市轨道交通网络化供电可靠性的研究

供电系统的可靠性和安全性是城市轨道交通网络化运营考虑的首要因素。由于网络化集中供电是一个比较新的思路,初衷是要减少投资、合理利用资源,但是这种供电方式是否能够保证轨道交通的供电安全、可靠及其应急能力等方面的需求,例如,采用集中供电后,一旦集中供电的系统出现故障,影响面会超过目前所采用供电方式的范围,同时,另一个集中供电系统是否有能力对出现问题的系统进行支援等问题也是一个需要考虑的因素。

目前的供电模式已经具有多年的使用经验,当地铁出现紧急情况,采用的事故处理方法和恢复供电程序等已经形成了明确而规范的操作流程。在网络化供电的新模式下,如何在紧急事故下快速排除事故,恢复供电保证运营等都是采用网络化集中供电这项技术前需要解答和研究的一系列问题。

5.4.2.2 供电系统应急能力研究

在城市轨道交通运营发生事故或突发事件的情况下,电力系统能力能否满足不同运营状况的需求。例如,当出现一些事故,通过电力系统能力的冗余可以保证轨道交通按照正常运营标准运营。而当有些事故出现则需要减少一部分负载,也就是要牺牲一部分功能来维持轨道交通的基本运营等。

因此,需要研究供电系统与线路、车站应急预案的相互配合,研究在什么条件下需要减负荷供电,什么条件下可以不减负荷供电也能够保证应急救援的用电需求等问题。

5.4.2.3 网络化运营条件下供电系统设计标准研究

在建设过程中,供电系统要有统一的设计标准和规范来指导建设。在网络化运营的条件下,现行标准能否适用未来的需求,需要进行研究和论证。

在技术研究方面,需要通过研究网络化运营条件下供电系统设计标准、进行供电系统资源共享的可靠性分析和运用供电系统仿真技术等手段，达到保证安全运营的前提下供电系统资源的共享和节约成本的目标。

5.4.3 维修资源共享

在北京地铁车辆维修方面，在每条线路的车辆段进行小修，而一些车辆厂和一部分车辆段配有大型的维修设备，可以为相邻线路的车辆提供架修保障。

对于其他专业设备，由于同一类的专业设备供应厂家众多，各厂家提供的设备之间存在差异，因此在这些设备的维修方面，备品备件有较强的不可替代性，造成维修资源共享程度较低。

5.4.3.1 设备修程、修制的研究

由于设备系统的品质及性能不断提高，设备修程、修制应针对设备的不同质量、功能、使用范围及用途，研究探讨状态维修和状态维修与计划维修相结合的维修模式，以适应北京城市轨道交通网络运营的要求。

5.4.3.2 维修资源合理调配的研究

(1)维修设备方面

设备性能的提升导致维修需求的减少，但是由于运营线路的增加使得总体维修工作量呈现上升趋势，同时要求增加相关的维修设备。为此，需要研究某些劳动型维护维修任务社会化的外委，这是一条节约维修资源的有效途径。还要研究如何平衡两者之间的关系才能在保证网络化运营维修需求的前提下，尽量节省维修设备、维修的备品备件，达到共享维修资源和资源集约化使用的目标。

(2)维修人员方面

由于目前同一专业设备可能有几个供应商提供，因此造成设备维修专业人员在设备维修过程中，同时应对所负责专业的不同厂商提供设备的维修维护，使得地铁公司进行培训投入很多资源。如果提高设备标准化水平，尽量采用统一制式的标准化设备就可以减少人员的培训，同时使得维修人员之间的可流动性和可替代性增加，使维修人员在不同线路间相互调配的可行性增加，达到维修人员资源的共享。

在网络化运营中，需要通过研究“专业划分及整合”的问题，培养和强化维修人员的综合维修能力和水平，培养适应网络化运营的综合维修技术人员。

5.4.4 物流管理

在物流管理方面，目前北京地铁公司没有建成一个统一的信息平台对各专业分公司的物资进行统一管理。有些专业分公司根据自身实际情况，建立基于本公司物资管理的信息系统。例如北京地铁通号公司通过建设物资管理系统，

利用网络实现物资需求的计划申请、审批和分配，加强对计划的考核分析，实现物资的采购、库存、资金等方面的全程监控。

5.4.4.1　先进的管理信息系统对物资管理的研究

为降低库存水平，节省成本，需要研究依靠信息技术实现物资的统一管理、统一调配和统一采购，提高北京城市轨道交通网络化运营管理水平。

5.4.4.2　物资仓库选址和物资存储选址的研究

按照现代物流相关理论，通过对于不同种类物资的存储地点选址的研究，对仓库选址和对物资存储体系进行优化，保证所需物资能够快速到达指定地点，同时合理分布库房，合理分布各种物资，在保证用户使用的条件下，达到节省资源，合理配置网络化运营资源的目标。

改进库存管理技术、仓库选址技术使之能够更加合理地对仓库进行选址，管理库存物资，从而符合地铁网络化运营的需求。

5.4.4.3　有效管理物资库存数量的研究

为了保证城市轨道交通各种设备能够有效地维护，对各种设备的备品备件要进行有效的管理，确保在需要的时候能够快速投入使用。由于轨道交通相关的各种设备数量大、种类多，因此备品备件的管理成为必要考虑的问题。如何有效管理这些物资，在保证使用的条件下降低库存数量，减少成本投入，成为一个亟待研究的问题。

为了降低库存数量及成本，研究适用于北京地铁管理信息系统的物资管理和配送技术及库存数量的成本效益等问题。

5.5　运营管理信息化研究需求

随着北京城市轨道交通网络化进程的推进，运营管理将逐步由单线独立运营管理向多线综合运营管理的方向发展，以进一步提高网络化运营的整体有效性、安全性、可靠性和协调性。加强对各种信息的挖掘、加工处理和综合利用，对提高网络化运营组织和管理水平以及提高整体协调能力和综合效益、强化决策控制、信息服务能力和应急处置能力具有重要意义。

5.5.1　运营管理信息化

5.5.1.1　信息管理规范性研究

北京城市轨道交通由于目前缺乏全网的信息统一规范，使得信息的异构现象严重，各个运营部门之间、运营部门与基层站点之间的信息沟通困难。因此有必要制定北京城市轨道交通信息管理规范，对企业生产经营活动所需要的信息，从产生、获取到处理、存储、传输以及利用进行全面的规范。

在对信息管理规范性的研究过程中,可以对信息管理规范的方法进行研究,并借鉴其他企业在此方面的经验,总结出适应北京地铁信息管理规范的研究方法。

5.5.1.2 信息共享与交换平台建设的研究

北京城市轨道交通综合信息共享与交换平台是对整个北京城市轨道交通信息系统(包括设备类:自动防灾报警系统 FAS、设备监控系统 BAS、乘客信息发布系统 PIS、列车自动控制系统 ATC、电力监控系统 SCADA、自动售票 AFC 等;管理类:运营管理与服务 BOM、工程项目管理 PM、财务管理 FM、人力资源管理 HR、办公自动化 OA 等信息系统)共用数据组织结构和传输形式的一种规范化定义,也是一个对共用数据进行组织、存储、查询、通信等管理服务的数据仓库。它既是北京城市轨道交通各相关部门的信息枢纽,实现部门间信息共享与交换,也是各应用系统信息交换的平台。

需要研究的北京城市轨道交通综合信息共享与交换平台提供以下主要功能。

(1)实现北京城市轨道交通系统内部各部门信息有效共享,形成统一的全局数据视图,将对信息化进程带来深远的影响。

(2)对现有数据源优化管理。通过该数据交换平台可以有效地集成和转换北京城市轨道交通系统各个异构数据源,实现跨部门之间数据的一致化处理,形成标准和统一可靠的数据源,达到数据的共享、复用,合理利用宝贵的信息资源。

在建设信息共享与交换平台的过程中,可以采用数据库复制或制定统一的接口规范等技术,结合北京地铁信息方面的实际情况,对这些数据库技术进行深入的研究,选择能够满足信息共享与交换平台需求的最优方法。

5.5.1.3 互联互通网络传输系统建设的研究

北京地铁各单位之间没有形成整体的通信网络,这种现状导致了由于没有硬件方面的支持,使得信息共享与交换平台无法实现。

通过研究建设互联互通的网络传输系统,可以使北京地铁系统内的各单位之间形成整体的通信网络,提高信息传输的效率,也为信息共享与交换平台提供了必要的硬件基础。需要加强对传输技术的研究,选择能够适应北京地铁现状的最优网络传输技术。

建设网络传输系统可以选择 OTN、SDH、RPR 等传输技术,这三种技术在有些城市的轨道交通系统中得到了应用。

5.5.1.4 面向路网调度员的路网调度运营信息管理系统研究

随着轨道交通路网规模的扩大,路网调度员需要依据大量的实时数据和信息,如何在最短的时间内,对紧急突发事件做出合理的判断,进行路网调度指挥,协调各运营企业、各线路维持正常的运营生产,成为路网调度员的首要任务。因此,需要研究具有运行稳定、判断准确、决策迅速的路网调度运营信息管理系统平台,协助路网调度员进行运营协调、信息发布、应急处置等调度指挥工作。

本系统基于轨道交通《路网调度规则》、路网运营信息、应急指挥体系建设,进行预案的分层管理(网络层、OCC 层、车站层);制订基于网络运营的轨道交通大客流、突发事件等情况下的应急处置方案智能化生成技术,实现根据执行时间(监控处置时间)、执行状态(已经执行完毕、正在执行中、该命令已经中断)进行处置过程的智能监控。

路网调度运营信息管理系统包括路网调度辅助决策、智能乘客信息分析与自动信息发布、异常运营信息判断、实时运营信息查询、实时路网客流仿真、客流预警、大客流仿真与预案定量生成、异常客流实时仿真与处置、应急预案计算机模拟、应急预案管理、运力配置分析、近期路网运行图分析、历史运营信息的存储与查询、信息分析与处置报告生成与传输系统等模块和功能。

5.5.1.5 城市轨道交通网络化客流信息管理的研究

城市轨道交通只有形成网络后才会发挥最大的效率。轨道交通网络形成之后,特别是多家运营单位参与运营时,各运营单位所属线路的客流状况,直接影响整个路网的客流状况,此时资源共享就变得十分重要和必要。只有整体把握轨道交通客流信息,才能最大限度地做好路网运营工作。

面对日益庞大的北京轨道交通网络与日趋增加的轨道交通客流,如何实时、准确地获得相关客流信息,成为目前关注的焦点。亟待通过研究建立统一的客流信息平台,实现轨道交通客流信息集中管理,信息共享,为运营单位更好地运营及政府职能部门决策提供有力的数据支持。

5.5.1.6 城市轨道交通网络化综合运营信息研究

(1)研究成果为政府决策提供强有力的信息支持

随着信息科技的不断发展,政府信息化决策要求日益凸现。自动收费系统开通运营后,大量信息汇聚到清算管理中心(ACC)系统。形成的海量数据仓库,具备信息挖掘的潜力,同时政府赋予指挥中心的职责中要求其具备信息统计分析的职能,为政府票制票价制定、财政补贴提供决策支持。

(2)研究成果为城市轨道交通的规划建设提供信息支持

按照政府大力发展公共交通、尤其是轨道交通的要求,必须使北京轨道交通规划、建设工作合理、有效,既不出现设备闲置,又不出现因站台、通道过于狭窄不能满足周边客流要求,同时与其他公交、停车场等公共交通设施很好地衔接。

因此,前期规划中大量的调研非常重要,同时基于既有线路运营信息获取乘客出行规律和特点,对新线客流特征进行分析、预测,掌握设备、换乘通道等通过能力,对新线车站建设、设备数量及布局、通道宽度、站厅面积等规划将提供翔实的数据信息。

(3)研究成果为运营企业等相关行业和研究机构提供信息服务

目前,单线或单运营商均不具备方便、快速获得路网运营信息的能力。但运营企业为更好地提高运营服务水平,提高运营效率,需要掌握综合性深度分析信息;同时,公交、停车场等相关行业单位,为合理地配置自身资源、与轨道交通很好地衔接,同样需要掌握地铁相关信息,如大型公交站、停车场附近的地铁车站运量信息及结构组成等;还有相关的交通研究机构、科研院所等,为满足自身学术研究需要,需借助地铁相关综合信息开展工作。

5.5.1.7 轨道交通网络化自动收费系统数据传输和信息安全标准研究

轨道交通自动售检票系统既是一个为广大顾客提供服务的终端设备,又是一个信息产生、信息处理和信息挖掘的 IT 服务系统,这就决定了其建设和维护所具有的 IT 服务特征。IT 服务依托强大的产业背景,不断推出新的概念、新的技术和新的解决方案,从而使得依靠 IT 信息服务为核心的系统不断为适应新技术的产生、新的业务需求的产生而进行系统升级。如何利用现有系统资源建立完善的数据传输和信息安全机制及后期的系统维护机制显得尤为重要。

轨道交通发展进入网络化阶段,不同线路采用的 AFC 系统不统一,系统采用的软硬件平台、数据库系统和开发软件也不尽相同,不同厂家的产品不兼容,难以做到资源共享、设备共享。这使得轨道交通的自动售检票系统必须有一个统一的标准,方能实现资源的最大程度共享,因此对自动售检票系统的数据传输和信息安全技术标准的制定将有利于推动轨道交通建设、管理及运营一体化。

自动售检票系统在轨道交通网络化建设的新形势下,总体思路和方向是开展必要的技术咨询和研究工作,提出轨道交通自动售检票系统数据传输和信息安全标准,以最小的代价确保路网互联互通,最终使后续线路建设遵循相同标准以及逐步推行自动售检票系统国产化,更好地满足新线建设和联网运营的要求。

5.5.2 仿真技术的应用

5.5.2.1 运营组织仿真技术的应用研究

城市轨道交通因城市客流增长的需要,由单条线路逐步连接成路网。单线运营组织的最优方案在全网络中不一定适用,往往受到其他线路的影响。这种影响表现为多条线路的交汇使客流在不同线路区域间移动,对某条线路而言客流量会有所增长。同时各线路高峰时段的差异引起路网客流变化呈现不规则性,对列车运行组织方案提出了更高的要求。

因此,需要对城市轨道交通网络运营与客流的基础数据进行管理,实现对运输组织、运行控制、网络客流、车站客流等方面综合因素分析的数值仿真。

为实现运营组织的仿真,需要结合北京地铁的实际情况对以下技术进行研究:城市轨道交通网络列车运行图的智能化编制和调整;网络列车运行计划的分层协调模型建立和算法设计；不同运行策略的列车运行速度、时分仿真计算模型的建立和算法设计；列车运行延误的网络传播及预案效果仿真评价技术；车站空间布局模型、地图生成和编辑及行人仿真地图识别技术；乘客在车站运行过程的智能化路径搜索模型的建立和算法设计；行人动力学模型的建立和算法设计；基于列车运行方案的车站客流分布仿真；车站空间布局和客运设备的仿真评价指标体系；列车运输组织与枢纽车站客流组织的协调技术。

5.5.2.2 突发灾害情况下的应急处理仿真技术的应用研究

北京城市轨道交通运营线路的不断增加，为轨道交通吸引更多的客流，同时乘客在轨道交通车辆、车站等设施、设备中停留的平均时间较以往大幅度提升。一旦发生火灾等突发灾害，所带来的对乘客的人身威胁将大大增加。因此应该针对不同灾害，结合地铁的通风、人流、设备等环境因素，应用仿真技术进行突发灾害情况下的应急处理模拟，改进应急方案，达到保障乘客人身安全的目的。

5.5.2.3 换乘车站客流组织仿真技术的应用研究

随着北京城市轨道交通网络化进程的推进，路网的运力得到进一步的提升，同时也会带来换乘车站客流的激增，并且换乘车站中的客流组织是一项十分复杂的系统性工作，因此结合仿真技术研究车站客流组织很有必要。

车站客流组织仿真技术的应用，是利用仿真技术研究人群管理，细分不同人群，对于不同的人群定义不同的行为规则。并且，在突发大客流或突发事件时，针对人群的不同反应，应该采取的客流组织方案和限流措施方案进行仿真。

利用仿真技术，估测行人在特定区域的停留时间长短，检测车站内部几何空间结构的潜在问题，研究行人在连续空间中行进，对不同类型的障碍物(设备或不同的区域等)做出的反应等方面的问题，判断乘客在不同时间、不同空间中的流动方向和流动速度，为换乘站客流组织方案和应急疏散方案提出科学的依据。

5.6 标准和规范研究需求

目前我国已着手建立城市轨道交通工程建设和行业管理方面的标准，制定了一些车辆、供电、信号方面的标准，但是与北京城市轨道交通网络化运营需求的标准体系相比，以上标准还远远不够。

为了面对在运营管理中出现的一些新的问题，如配套设施的维护责任主体不清、一些不规范的施工作业可能危及运行安全等，2005 年建设部制定了《城市轨道交通运营管理办法》，这部规章出台的目的就是要加强城市轨道交通的运营管理，保证安全运营。

2009 年 3 月 31 日《城市轨道交通技术规范》作为国家标准颁布，编号为 GB 50490—2009，自 2009 年 10 月 1 日起实施。

北京市地方标准《城市轨道交通运营服务管理规范》是我市首个规范城市轨道交通运营服务管理的地方标准,内容系统完整,针对性、可操作性强,为北京市城市轨道交通运营管理及政府监管提供了统一规范,对服务质量控制和规范化管理起到积极作用。

北京市地铁运营有限公司设有专门的标准化工作委员会,建立了企业标准体系,分为管理标准、技术标准和工作标准三个子体系,其中多数标准是按照单线运营模式考虑,有的标准只是针对某一条线路,而没有充分考虑网络化运营的情况。由于缺乏适应网络化运营条件下的标准和规范体系,给未来的资源共享,安全保障等相关建设带来了一定的影响。因此在城市轨道交通向网络化运营转变的过程中应根据网络化运营的特点,在如下一些方面进行标准和规范的研究。

5.6.1 网络化运营标准规范体系的研究

随着北京城市轨道交通进入网络化运营,原有单线运营的标准和规范已不适应网络化运营的要求,需要研究制定一套适合北京网络化运营的标准和规范体系,从网络化的角度来审视现有的标准和规范,在满足国家、地方及行业相关规定的前提下,围绕北京城市轨道交通网络运营的特点实施行业统筹,着力提高标准的时效性、先进性和可操作性;在运营管理方面补充编制和完善企业级技术标准,以适应实际运营的需要。网络化运营标准和规范体系的研究可以使标准和规范系统化、规范化,尽量减少缺失。网络运营标准和规范体系侧重于对实际运营工作的标准化、程序化、制度化控制,侧重于对现有标准的补充、完善和细化。网络运营标准体系的构建是确保网络化运营规范有序化运作的重要手段,有助于提高技术管理效率,加强不同专业整合,促进人员素质培养,降低技术人员需求数量,并将有效提高运营管理水平,确保网络运营的安全、高效。通过建立系统、全面、深入的网络化运营标准和规范体系,以保证网络运营功能完备、技术合理、标准统一,保证网络业务管理体系流程合理、安全可靠、运作有序。

5.6.2 网络化运营组织相关标准和规范的研究

为顺应北京市轨道交通网络化、市场化进程,满足"统一指挥、逐级负责、协调动作"运营管理体系的需要,北京市轨道交通指挥中心承担北京市轨道交通线网运营协调、应急处置、一票通卡的发行管理、票款清分清算、运营信息汇总和统计分析,以及组织拟订售检票系统的技术标准、管理规范和业务规则等任务。需进行如下相关的标准规范制定的研究。

(1)《轨道交通路网的指挥调度规则》制定的研究

针对北京市轨道交通由多家运营企业负责运营管理的工作格局,以及轨道交通网络化运营后运营组织工作出现的新特点,依据北京市轨道交通指挥中心的工作职责和《北京市轨道交通突发事件应急预案》,结合网络化运营工作以及指挥中心运营调度指挥系统工作平台的实际,需要明确规定在日常运营组织工作及突发事件应急处置工作中,指挥中心、运营企业的工作职责,协调配合流程和工作要求,指挥中心调度的基本工作制度和工作要求,以及指挥中心系统建设的管理流程,研究制定《轨道交通路网的指挥调度规则》。

(2)《票务清算规则》制定的研究

为实现北京市轨道交通系统联网运营,保证轨道交通不同投资主体、不同运营商经营线路的 AFC 系统参与联网运行时采取统一收费、按比例分成的清算,依据《北京市轨道交通自动售检票系统技术管理规定(暂行)》,统一规范北京轨道交通 AFC 系统适用的清分规则。需要从业务角度,研究制定北京市轨道交通 AFC 系统清算参与单位参与清算时,收益公开、公平、公正的分配规则。

(3)《北京轨道交通列车运行图编制相关规定》制定的研究

为保证城市轨道交通运营企业间的紧密配合以及各线路列车运行的协调,提高轨道交通列车运行图的编制质量,充分发掘轨道交通运输能力,提高轨道交通服务水平,达到优质、安全、均衡、高效的运输目的,需界定北京市轨道交通指挥中心和运营企业在列车运行图编制工作中的职责分工,明确轨道交通列车运行图的编制原则、编制流程以及相关技术规定。

(4)《北京市轨道交通运营指标统计办法》制定的研究

研究制定《北京市轨道交通运营指标统计办法》,是为了吸收并借鉴轨道交通运营企业相关行业标准和经验,明确北京市轨道交通运营指标体系,确定指标的基本概念及计算方法,以规范北京市轨道交通指挥中心、各运营企业的轨道交通运营统计工作,更好地适应北京轨道交通网络化运营管理的需要。

5.6.3 网络化行车及客运组织相关标准和规范的研究

在行车和客运组织方面,需要建立一套符合北京实际情况,针对北京轨道交通网络化运营特点的管理和规范体系,完善各种规章制度,保障未来的网络化运营建设及实施。

(1)列车跨线行车安全规则和统一行车操作标准制定的研究

目前北京轨道交通初步形成了网络化运营,与国外相比有其独特之处。路网中的每条线路立体交叉,独自运营,不存在共线运营的情况,行车组织方式单一。

随着北京城市轨道交通网络的形成,网络结构复杂性将导致列车运行组织的复杂多变。随着线路逐渐的修建、增多,行车组织将有所变化,对行车管理提出了更高的要求,不单纯是现在的追踪运行和没有快慢车运行的组织方式,有可能实行不同的行车区域有不同的最高运行速度。城市中心区站间距较小,列车运行速度较低，在城市的边缘区站间距加大，列车运行速度较高，从而可能产生列车越行的情况。列车运行方式在运行交路、列车编组等方面也将呈现出多样化的特点。可能会有单一运行交路、大小交路、共线运行、环线运行等多种形式共存；在同一条线路上不同时间段、不同区段可能存在不同的编组和大小交路运行的情况。线路间可能出现联通联运，跨线运营。因此面对列车运行组织多变的情况，需要进行列车跨线行车的安全规则和网络统一的行车操作标准的研究，研究不同行车区域的列车运行速度以及相应的行车安全规则，为车辆跨线行车提供安全保障。

(2)研究网络化的客运组织方案及规范

由于轨道交通网络的形成，对网络客流的统筹组织提出新的要求。需要根据网络上列车运行计划、客流量、车站设施设备情况等研究编制网络客运组织方案。包括组织机构、岗位设置、上岗人员、客流疏散方案、乘客换乘安全保障方案、乘客导向系统管理方案等。

需要研究不同时间、不同地点、不同情况下网络中客流的组织方案和规范。

- 研究规范列车最小间隔缩短后的客流疏导组织方案和换乘安全保障方案。
- 研究规范在换乘站和大型换乘枢纽客流疏导组织方案和换乘安全保障方案。
- 研究规范在突发情况下的客流疏导组织方案，特别是要研究规范本线发生故障时向相邻线路疏导客流的组织方案。

(3)研究客运服务的标准化

北京地铁通过对乘客需求分析，按照"安全可靠、高效便捷、功能完善、低耗环保、文明舒心、知名品牌"的目标制定了《北京市地铁运营有限公司运营服务质量标准》。随着网络化运营的形成，面对乘客需求的多元化，需要研究制定或完善网络化服务标准和管理规范，建立完善网络化的车站服务规范和站务管理标准，《北京地铁运营服务标准》、《运营事故处理规则》、《地铁客运服务标志》等都需要根据网络化运营的特点进行修订和完善。

- 基于乘客需求和满意度的网络化客运服务规范化研究

北京地铁公司现已成为国际地铁协会(CoMET)的正式会员单位，其各项指标需要参照 CoMET 的相关标准执行，但在实际操作过程中，随着城市轨道交通网络化的迅速发展和形成，企业的服务现在仅仅停留于单线运营的服务模式，没有在 CoMET 的框架下做进一步的完善。针对服务质量的综合评价现在还没有一套完善的体系为网络化的运营服务提供支撑。特别是北京地铁运营有限公司作为北京地铁最大的运营商，每年都对乘客的需求和满意度进行调查和分析，当时对于服务指标体系的建立多是以实际调查为依据，没有在科学和理论的基础上再结合本行业和其他服务行业的经验去制定一套完善有效的服务质量综合评价指标体系。而在服务的标准和规范方面各运营商也是自成一家。在北京城市轨道交通未来网络化的发展中，需要研究借鉴 CoMET 各项指标，实行对标管理，全面提升服务水平，坚持以乘客需求为导向，以世界一流水平为参照，修订《地铁公司运营服务质量标准》，形成统一的服务标准和规范，以利于提高服务的质量和效率。

轨道交通网络化的形成是特大型城市公共交通发展的必然趋势。对其管理和乘客需求也与单线管理有本质的区别。随时掌握乘客需求，努力改善服务环境是提高服务质量的有效手段。从"乘客满意度"调查着手，切实掌握和了解乘客需求，有针对性地改进工作，努力使有限的资源，发挥最大的效能，不断追求更高层次的乘客满意，才能在企业管理和用户满意等方面获得广大乘客的基本认可，才能不断完善和提高运营服务质量，提供使乘客满意的服务。同时，随着网络化的发展和加入 CoMET，对于建立符合北京城市轨道交通服务的规范给予了很大的帮助，更能结合国际轨道交通服务的标准和规范完善自身。而且地铁作为城市公共交通工具，服务对象涉及社会各阶层，由于乘客的文化程度、生活习俗、乘车习惯等差异，需要找出为大多数乘客一致认可的服务规范，才能获得最佳和最经济的企业管理效果，也只有通过强化服务全过程的规范化、制度化，才能更全面更有效地为乘客服务，体现城市轨道交通的价值和效应。

采用相关管理科学和质量管理理论，通过全面修订《运营服务质量标准》，提升各项指标，建立管理科学、行为规范、运转协调、工作高效的管理机制，加强对服务的精细化管理，将服务语言、服务态度、服务技能标准化，建立具有可操作性的、落实到现场细节的车站服务标准体系，以及相应的服务质量监督考评标准，需要对乘客投诉处理等制定规范、标准，并建立奖励与惩罚制度、监督机制等。

■ 网络化运营的城市轨道交通导向标识规范化研究

北京地铁现有的导向标识有些是从单线运营角度考虑的，随着轨道交通线路的不断增加，轨道交通网络的形成，换乘站的数量也在增加。现在轨道交通有些大型枢纽站以及新旧站点衔接的导向标识设置存在的问题是：一方面没有完全按照统一的设计设置标准执行，另一方面在针对应急情况时应急标识的使用和规范上还不尽完善，容易给乘客出行和疏散以及相关的管理服务带来困难。

例如 5 号线东单站出入口标识的设置在统一规范方面存在问题给乘客乘车和工作人员的疏导带来困难（由于 5 号线北站厅乘客比较混杂，有进出 5 号线、换乘 5 号线和从 A、B 口进入去往 1 号线的乘客，标识设置存在的问题，给乘客乘车带来不便，导致在此问路的人很多。）

因此需要从城市轨道交通网络化的角度出发，全面考虑整个网络标识的统一和规范使用，包括色彩、字体、版面排版等设计方面的统一以及标识牌的设置高度、宽度及位置的统一规定。在国家相关标准的指导下全面规范网络中车站及换乘系统导向标识,这对整个轨道交通网络中的客流安全有序的流动极为重要。

导向标识的规范化涉及的专业面很广,例如标识牌的设计要遵循色彩、字体排版等平面设计理论和方法,而在标识牌设置方面要采用人机工程学等相关理论和原理,针对人体的不同位置和不同需求,综合考虑视觉、身高等各方面的因素去考虑如何规范设置,同时也要考虑人群特性。目前,针对相关政策和节能环保的要求,要用发展的眼光去考虑规范、设计,诸如标识材料等产品要选择环保材料等,结合综合服务的要求,全面做好导向标识的规范。

5.6.4 网络化运营安全方面的标准和规范的研究

随着城市轨道交通网络覆盖面的增加,网络的功能地位在城市经济、社会活动中的影响也越来越重要,这对确保城市轨道交通网络安全可靠运行以及快速有效应对各类突发事件和网络客流变化、确保城市交通正常功能的发挥都提出了极高的要求。因此,在保证轨道交通运营安全方面需要进行标准规范的研究。

(1)网络化运营安全评价标准规范研究

目前出台的有关地铁安全评价的国家标准和指南缺乏对整个地铁网络安全的评价内容。因此应该完善和增加地铁网络化运营的安全评价标准和规范。重点是研究地铁网络化运营规划阶段、设计阶段、运营阶段的安全评价内容、评价方法、评价指标等。

(2)网络运营安全防恐标准体系研究

北京城市轨道交通网络作为我国首都的交通命脉具有相当重要的作用,容易成为犯罪分子攻击的目标,因此需要进行网络运营安全防恐标准体系的研究。

- 研究并总结轨道交通网络中针对火灾、爆炸和毒气投放等事件所采取的相关措施,研究国内外恐怖事件形式、恐怖事件活动的时间选择、恐怖活动发生位置等特点,预测未来恐怖事件的特点及发展态势。
- 研究和评估北京轨道交通网络现状、恐怖活动的危害评估、轨道交通网络的弱点评估与风险评估,提出北京轨道交通网络反恐能力的评估指标及预防恐怖活动的措施与对突发事件的处理对策。

(3)网络化运营条件下安全管理人员的资质考核标准研究

目前网络化运营条件下安全管理人员的资质考核标准化程度不足,给网络安全管理带来隐患。为使安全管理人员通过上岗前考核满足网络化条件下安全管理需求,应研究建立严格的安全管理人员资质准入标准。

(4)网络运营综合安全管理体系研究

城市轨道交通运输组织专业性强、技术设备复杂、客流量大、日周期性强、高峰低谷落差显著、时效性强,其建设一般采取地下或高架形式,因此提高安全管理有效性和事故救援的难度均较大。根据北京城市轨道交通网络运营的特点和我国城市轨道交通行业发展的实际水平,需要研究建立城市轨道交通综合安全管理体系。研究城市轨道交通综合安全管理体系的内容构成,从完善法制法规建设、完善独立于运营企业的安全监管机构设置、建立科学规范的设备质量安全要求体系、强化安全审核和评估工作、强化安全教育等方面进行体系的建设。综合安全管理体系的建立和完善可为我国城市轨道交通行业的健康发展奠定良好的基础。

5.6.5 设备选型与维护标准化的研究

线路成网后,线路之间的关联度增加,对系统设备设施运行提出了更高的要求。对设备设施的选取和维护的标准需做研究。

(1)设备设施选取标准化的研究

规划建设中北京轨道交通网由地下线路、地面线路、高架线路、市郊线路等轨道交通系统组成。不同轨道交通线路的技术条件、客流特点、功能定位侧重各有所不同,将带来网络中设备品种过多。这将导致管理难度加大,备品备件库存的增加,也给操作与维修带来困难。所以需要对设备设施选取的标准化进行研究。

轨道交通设备种类繁多,同一种专业设备又存在众多供应商,彼此间设备存在不少差异。这对未来设备的维护造成了许多不便,同时由于不同线路专业设备不统一带来了相互不兼容等问题,给日常管理维护带来了困难。

例如,轨道交通网络运营线路中多车型,导致了设备品种的多样化,给今后长期运营带来了管理和使用方面的难度,需要操作和维修人员掌握更多不同类型设备的使用、维修经验和操作技能。网络中的车辆司机室配置标准的不同,给司机操作带来困难,需要司机熟悉不同的司机室配置和操作,易引发操作错误,带来安全隐患,也给网络中司机的共享调配带来困难。同时,备品备件种类增多,导致库存增加,设备通用性和兼容性差,从而加大运营成本。

因此面对线路形式、功能及制式的多样性,有必要对设备设施选取的标准化进行研究,以更好地应对网络化运营的需求。

通过上述研究,可以解决与地铁相关的各种设备设施的标准化选择问题。这也是指导未来地铁建设的依据,依照研究成果可以在新线的建设和设备选型时遵循统一的标准进行线路设计和设备选型,为新线与既有线相结合的网络化运营创造条件。

(2)设备制式标准化的研究

北京在早期的线路建设中,考虑较多的是单线工程的形态建设和功能实现问题,对网络化的功能关注不够。在网络化建设和形成过程中,需要从全网角度思考问题。通过完善设施,使不同线路上的车辆可以通行,车辆段(场)可互补,整合既有资源,实现设备设施资源共享。线路之间、线路与车辆段(场)之间的设施“互联互通”是实现网络化运营的前提。线路间、线路与段(场)间的“互通互联”不仅为乘客换乘提供必要通道,而且为列车等设备灵活调用创造了条件。在实现不同线路之间“互联互通”后,还要对轨道、供电触网及相对统一的通信、信号模式提出制式和联通的要求。而要达到这个理想就需要制定统一的标准进行线路设计和设备选型,这些设备设施制式的标准化研究是实现资源共享的基础。通过该项研究可以有效地推动设备制式的标准化进程。

(3)制定新线接收标准规范,统一技术规程的研究

随着新线的不断建成,在运营方与建设方进行交接与配合中,需要研究制定接收标准规范,由于现在各条线路的技术规程不统一,设备的不统一,急需研究制定各条线路统一的、原则性的、可操作性的接收标准和技术规程。

(4)对设备设施建立资产管理规范的研究

由于轨道交通进入网络化的运营,设备设施的品种和规格都会显著增多,加大了管理的难度。因此需要研究建立既利于资源的充分利用,又利于网络各运营线路统一调配管理,达到整个网络层面资源共享的资产管理规范。

(5)设备维修制度、检修规程的修订及完善的研究

北京地铁针对轨道交通的各个专业都建立了维修制度,对各专业的设备都制定了检修规程。在网络化运营的条件下,需要完善网络统一的设备维修规程,对这些维修制度和检修规程需要站在网络化运营的角度进行修订和完善。主要研究的内容包括以下几个方面。

■ 结合资源共享的研究,探索适合不同专业的综合维修制度。

■ 需要研究完善车辆维修点的分布及功能配置,深化完善车辆维修制度,提高设备的检修保障水平。

■ 研究网络化运营中对各专业设备维修模式选择的标准。研究各专业设备采用自修、委外和委外与自修相结合方式的优势和不足,以及它们各自的适用情况,从而制定出各专业设备的维修模式选择标准。

■ 变计划维修为“均衡修”,结合车门等车辆零部件的故障间隔时间特点,提出确定均衡修修程周期的方法。研究维修管理模式的改革,逐步推行状态修和故障修,积极探索状态修,提高维修水平,进一步提高设备的完好率。研究网络中设备的状态修管理。设备检修是设备全过程管理的一个重要环节。需要研究网络中设备检修方式如何从计划修过渡至状态修。状态修的管理工作最主要的改进是用科学的分析和组织方法,融合传统经验,进而取代主要依赖经验制订的检修规定、检修工艺及评估标准。除做好基础管理工作和以可靠性为中心对设备进行评估外,还需尽可能采用监测与诊断技术,利用现代计算机技术,建立强大实用的计算机维修管理系统。

■ 研究网络中设备维修资源的共享标准。如设备备品备件的资源共享标准、维修人员的共享调配标准等。

5.6.6　网络信息体系标准的研究

北京轨道交通网络中具有大量的信息，例如在设备上，列车自动控制系统ATC、电力监控系统SCADA、环控系统BAS、自动灭火系统FAS、自动售检票系统AFC；在管理上，运营管理与服务BOM、工程项目管理PM、财务管理FM、人力资源管理HR、办公自动化OA等。如果这些信息都各成体系，给网络中各专业、各部门间的信息沟通造成困难。因此需要研究信息系统如何从各专业体系抽取必要的数据，进行规范化处理，确保信息数据的一致性。通过信息汇集实现各专业体系的跨体系服务，达到网络各专业体系运转的步调一致。

需要研究制定网络信息体系的相关标准；研究有关信息模式和数据的一致性；研究网络信息体系的总体安全性。解决当前轨道交通急需解决的数据采集、传输与协作控制、网络化管理问题，这对行业应用的规范形成，也将具有重要影响。

需要研究解决方便灵活的接口问题，解决各系统之间兼容问题的技术，对轨道交通相关系统的技术指标、数据规范、信息协议等进行标准化、规范化。因此需要研究由何种技术来统一接口，解决兼容问题，从而推进轨道交通标准化、通用化的工作。

6　北京城市轨道交通网络化运营研究时序

6.1　目　　的

为提出北京城市轨道交通网络化运营急需解决问题的研究项目和研究内容的重要程度，首先需要针对运营部门的实际需求进行研究项目重要度问卷调查和访谈调查。经过统计分析并通过综合采纳专家意见和考虑其他外部的影响因素，得出各研究项目的时序。其结果，将为北京市科委开展北京城市轨道交通网络化运营研究的规划提供依据，也为尽快解决北京城市轨道交通网络化运营所面临的问题提供先期筹划，并为各项研究成果能及早投入到实际应用中提供计划保障。

6.2　方法选择

整个排序的过程涉及到选择调查的方法、样本选取的方法、数据统计分析的方法等。此项目为需求性的研究，具有其特殊性，它涉及范围广泛、专业领域多样，所以根据行业特性以及亟待解决运营中的问题，需要综合考虑研究项目排列的时序。以下对排序过程中各阶段方法的选取进行说明。

(1)调查的方式选取、样本的抽样选取和整个调查测评过程的方法选取。

- 调查方式有多种，比如印象法、访谈法、问卷调查法等。本研究采用了问卷调查和访谈调查相结合的方式。本次问卷调查主要使用封闭式问题的调查问卷；访谈调查采用了结构性访谈、集体性访谈和个别性访谈相结合的方式。
- 样本选取的方法包括简单随机抽样、等距抽样、分层抽样、整群抽样、多阶抽样等。本研究采用了简单随机抽样和分层抽样法相结合的方法。本次调查按照各专业实际问题的需要，把所有涉及的专业技术和管理人员按照岗位职能分层，分为一般人员、中层人员、高级管理人员，利用他们各自的工作性质和需求的不同对各专业抽样，再结合简单随机抽样作为补充，力求做到调查的专业、不同背景和岗位人员的需求全覆盖。

- 调查测评的方法包括层次分析法、德尔菲法、单一整体评估法、综合要素评估法等。本研究采用了德尔菲法(又称专家打分法),组织专家评定小组,集中各位专家的经验和意见,专家对同一层次的指标按其重要性进行排序,确定各指标的权重。

(2)数据统计分析。经过整理回收的问卷,项目编码,数据录入以后,采用专门的市场调研软件 SPSS10.0 对问卷进行数据分析。常用的辅助方法有聚类分析法、主成分分析法、因子分析法、相关分析法等。本研究主要采用的辅助方法是主成分分析法。

6.3 时序排列

6.3.1 简要过程

首先问卷设计,然后样本选取,之后进行调查,最后进行数据统计与分析并得出建议性的结论。

其中,在数据统计与分析过程中,本课题组经过调研、座谈、总结和分析北京城市轨道交通面临的问题,得出有待研究的子项目共计 62 个,在此对这些子项目进行了重要度排序、分析和归纳。其简要步骤如下:

(1)将 62 个子项目的重要度平均分数按照由高到低进行排序;

(2)结合北京城市轨道交通目前面临的问题的分类(六大类),将 62 个子项目归纳到相应的类别中,并且在各类别中按照加权平均分数由高到低进行排序;

(3)应用数学模型对数据进行二次分析,验证分类的科学性;

(4)将验证后的类别按照其重要度平均分数再次由高到低进行排序;

(5)将 62 个子项目进行归纳合并,形成 20 个综合研究项目;

(6)为了便于研究的开展,进一步归纳合并,形成 3 个重大研究任务。

6.3.2 问卷设计

本研究项目问卷设计,更多的是考虑问卷的形式和可操作性,以及对分析结果的影响,设计时遵循以下原则:

(1)明确调查对象,确保被调查者有足够的信息来源或专业知识回答问题;

(2)调查内容全面,语意明确无歧义,确保被调查者能够准确理解问题的含义;

(3)问卷长度适中,确保被调查者有耐心回答问题;

(4)问题描述中性,避免导向性;

(5)问卷的设计形式考虑后期数据统计和分析是否易于操作;

(6)问卷的发放采用按部门统一发放形式,同时规定合理的时间收回。

在问卷问题的设置上借鉴了李克特5级量表的形式进行量化处理,即:很重要、比较重要、一般、不太重要、非常不重要。在其相应的赋值上有别于李克特5级量表的赋值,根据实际需要的结果进行组合,分为了三个区间:100分~60分是很重要和比较重要的打分区间,60~30分是一般区间,30分~0分是不太重要和非常不重要区间。

6.3.3 样本选取

本研究样本选取的范围是针对整个北京城市轨道交通运营的企业和其相关部门、科室、厂段的人员,在抽样上采用了简单随机抽样和分层抽样法相结合的方法,即抽样的发放办法是分层抽样法。将所有涉及人员分为一般人员、中层人员、高层管理人员。通过对各层样本总量的统计,根据实际的需要在各层的样本量中进行相关比例的抽样。分层抽样的实际情况如下表所示。

表6-1 抽样情况

样本类型	样本总量	抽取样本量
高层管理人员	58	6
中层人员	49	5
一般人员	338	38

另外,为了对分层抽样的结果进行补充,根据当前和未来一段时间北京城市轨道交通网络化运营的需要,还对于一些特殊的专业部门和科室的人员进行了简单随机抽样,利用这类样本的数据进一步完善总体分析结果的可靠性和实用性。

6.3.4 调查过程

由于Delphi法能对大量无法定量分析的要素做出概率估算,具有匿名性、反馈性、统计性、收敛性的特点,因此本课题应用此方法确定各研究课题的权重。采用Delphi法确定权重的基本步骤如下。

(1)选择专家

这是很重要的一部,选择的专家是否恰当将直接影响到结果的准确性。一般情况下,应选择本专业领域中既有实际工作经验又有较深理论修养的专家。本项目选择了北京城市轨道交通管理和技术领域里有实际运营经验和多年理论研究经验的各层面、各专业的专家。

(2)将待确定权重的若干个测评指标和有关资料以及统一的确定权重的规则发给各位专家,请他们独立地给出各指标的权重值。

(3)回收结果并计算各指标权重的均值与标准差。其中数据的处理采用下面的公式:

$$S_j = \sum_{i=1}^{n} B_i N_{ij} \quad j = 1, 2, \cdots, m \qquad \text{式(6-1)}$$

式中 S_j——第 j 各项目的总得分;

m——参加比较的项目个数;

B_i——排在第 i 位的得分;

N_{ij}——赞同 j 项目排在第 i 位的人数;

n——等级数。

计算各项目的总分比重为

$$k_j = \frac{S_j}{M \cdot \sum_{i=1}^{n} B_i} \quad j = 1, 2, \cdots, m \qquad \text{式(6-2)}$$

式中 M——对该问题做出回答的人数;$\sum_{j=1}^{n} k_j = 1$,$\sum_{i=1}^{n} N_{ij} = M$,$j = 1, 2, \cdots, m$。

(4)将计算结果及补充资料返还给各位专家,要求所有的专家在新的基础上重新确定权重。

(5)重复上述(3)和(4)步,直到各指标权重与其均值的标准差不超过预先给定的标准差为止,也就是各位专家的意见基本趋于一致,以此确定的各指标权重的均值作为给定指标的权重。

6.3.5 数据统计与分析

在研究项目时序之前,本项目首先对北京城市轨道交通现状和存在的问题进行了大量的调查研究,召集了众多城市轨道交通领域管理和技术方面的专家进行座谈,在总结和分析调研资料、相关部门意见以及专家意见的基础上,本课题得出了北京城市轨道交通网络化运营所涉及到的有待研究的子项目共计62个,并且在此对这些子项目进行分析、排序和归类,以利于未来对相关研究的展开。

课题组将这62个子项目制作成调查问卷,发放给城市轨道交通运营和技术方面的专家,采用Delphi法对子项目进行打分。本次调查共发放问卷数50份,回收问卷49份,有效问卷数43份,因此问卷的有效率为43/49=87.76%。

(1)问卷的初步统计分析

采用Delphi法对专家打分的数据采用公式(6-1)和(6-2)进行处理后,按照每个子项目的平均分数由高到低排序,结果见下表。

表 6－2 有待研究的子项目重要度按分数排序

序号	子项目编号	子项目名称	平均分数
1	49	行车组织中列车跨线行车安全规则和统一行车操作标准的研究	95.40
2	2	车站能力设计对网络化运营影响的研究	90.10
3	9	网络化运营条件下客流分析及预测的研究	89.47
4	4	换乘车站衔接方式设计对网络化运营影响的研究	89.42
5	6	网络化运营条件下行车组织的研究	86.02
6	22	网络化运营条件下应急预案的研究	85.69
7	26	应急救援及人员疏散的研究	83.67
8	23	非正常运营状况下的统一调度指挥的研究	83.63
9	7	路网运行图编制的研究	82.96
10	29	北京城市轨道交通网络化供电可靠性的研究	81.90
11	28	车辆段能力设计建设的研究	81.80
12	3	车站设施设备设计对网络化运营影响的研究	81.77
13	21	运营系统设备安全管理的研究	81.53
14	51	网络化的客运组织方案及规范的研究	81.52
15	15	投资、建设与运营之间协调机制的研究	81.51
16	59	制定新线接收标准规范,统一技术规程的研究	81.40
17	50	网络运营客运组织规则的研究	81.17
18	11	换乘站客流组织示范性研究	80.20
19	25	突发事件信息发布的研究	80.08
20	30	网络化条件下供电系统设计标准研究	76.63
21	1	配线的设计建设对网络化运营影响的研究	78.92
22	53	网络化运营安全评价标准规范	78.88
23	12	特殊运营状况下客流组织研究	78.84
24	24	应急资源统一调配的研究	78.80
25	58	设备制式标准化的研究	78.21
26	48	完善修订网络化运营组织相关标准和规范的研究	78.02
27	13	枢纽换乘车站的组织管理及资源整合研究	77.76
28	52	客运服务标准化的研究	77.35
29	20	土建实施安全管理的研究	77.35
30	31	供电系统应急能力研究	77.14
31	56	网络运营综合安全管理体系研究	77.08
32	57	设备设施选取标准化的研究	76.19

续上表

序号	子项目编号	子项目名称	平均分数
33	42	城市轨道交通网络化客流信息管理的研究	76.10
34	44	轨道交通网络化自动收费系统数据传输和信息安全标准研究	75.90
35	8	共线运营条件下运输能力提高及可行性分析的研究	75.65
36	43	城市轨道交通网络化综合运营信息研究	75.57
37	54	网络运营安全防恐标准体系研究	75.56
38	41	面向路网调度的运营信息管理系统研究	75.41
39	61	设备维修制度、检修规程的修订及完善的研究	75.40
40	32	设备修程、修制的研究	73.98
41	33	维修资源合理调配的研究	73.80
42	37	具备资源共享条件的车辆设计标准研究	73.04
43	62	网络信息体系标准的研究	72.81
44	5	车站与周边设施配套设计对网络化运营影响的研究	72.60
45	17	政府与运营企业在票制票价制定中的协调机制研究	72.49
46	27	车辆段共享的可行性研究	72.10
47	60	对设备设施建立资产管理规范的研究	72.02
48	10	轨道交通网络化清分清算研究	71.94
49	14	网络化条件下运营服务设计的研究	71.82
50	55	网络化运营条件下安全管理人员的资质考核标准研究	71.79
51	40	互联互通网络传输系统建设的研究	71.53
52	39	信息共享与交换平台建设的研究	71.35
53	19	多运营主体管理协调机制的研究	69.90
54	47	换乘车站客流组织仿真技术的应用研究	69.48
55	45	运营组织仿真技术的应用研究	68.75
56	46	环控通风与火灾排烟仿真技术的应用研究	68.38
57	38	信息管理规范性研究	67.60
58	34	先进的管理信息系统对物资管理的研究	67.50
59	18	监管政策的研究	64.47
60	36	有效管理物资库存数量的研究	63.73
61	35	物资仓库选址和物资存储选址的研究	63.08
62	16	客流培育政策的研究	62.61

经过初步排序后，排序结果得出北京城市轨道交通网络化运营研究的子项目重要程度，但是这样的排序还存在一定的问题，如：以上列表中有待研究的子项目涉及北京城市轨道交通网络化运营的诸多方面，但是在研究内容上相互之

间都有关联也有重复，项目分得太细不利于从宏观上系统地把握北京城市轨道交通未来有待研究的问题，因此需要分出所属类别，较为宏观地掌握子项目对网络化运营的影响程度。

本项目按照北京城市轨道交通网络化运营所涉及到的几大类别问题，将这62个子项目进行综合性归纳，这样有利于解决初次排序后所存在的问题。通过大量的调研和专家访谈，在本项目研究报告的4.3节中已经总结分析出北京城市轨道交通目前存在的6大类问题，并将该6类问题分解为15个主要专业类别，当子项目归结到各专业类别之后，再采用加权平均法对其进行重要度排序，其加权原则为：

- 对于相关研究单位已经或正在开展类似研究的课题，将其权重定为0.1；
- 国家或北京市重点支持的科研领域所涉及的课题，将其权重定为1.9；
- 由于网络化运营所涉及的子项目并不是完全相互独立，各个子项目之间存在一定的相关性，但其有些关联又不十分明确，因此采用灰色分析，计算出的相关系数作为各子项目的权重；

为了减少由于纯数学计算带来的不可解释因素，将表6－2专家打分的结果与计算出的关联系数采用加权调和平均数进行计算，得出各研究大类的排序。

具体计算公式如下：

灰色关联分析中，设有两个序列 $X_i(t)$ 和 $X_j(t)$，在 t_k 时刻其绝对差值为

$$x_i(t_k)-x_j(t_k)=\Delta_{ij}(t_k)\quad k=1,2,\cdots,n \qquad 式(6-3)$$

记最小绝对差为

$$\Delta_{\min}=\min_j\min_k\left|x_i(t_k)-x_j(t_k)\right| \qquad 式(6-4)$$

记最大绝对差为

$$\Delta_{\max}=\max_j\max_k\left|x_i(t_k)-x_j(t_k)\right| \qquad 式(6-5)$$

则 x_j 对 x_i 的关联系数为

$$\xi_{ij}(t_k)=\frac{\Delta_{\min}+\Delta_{\max}K}{\Delta_{ij}(t_k)+\Delta_{\max}K} \qquad 式(6-6)$$

式中　K—分辨系数，$K\in[0,1]$，K 越小，分辨力越高。

加权调和平均数计算公式如下：

$$H=\frac{1}{\frac{\sum\xi_{ij}f_i}{\sum f_i}}\quad i,j=1,2,\cdots,m \qquad 式(6-7)$$

式中　f_i——第 i 项的数值；

　　　ξ_i——第 i 项与第 j 项的关联系数。

采用公式(6－3)至(6－7)进行数据处理，按照每一大类的总得分进行排序，结果见下表。

表 6－3 有待研究的子项目重要度按类别排序表

类别	按专业分类	子项目编号	子项目名称	总得分
运营组织及协调机制	行车组织	6	网络化运营条件下行车组织的研究	86.12
		7	路网运行图编制的研究	
		8	共线运营条件下运输能力提高及可行性分析的研究	
	客运组织	9	网络化运营条件下客流分析及预测的研究	
		11	换乘站客流组织示范性研究	
		12	特殊运营状况下客流组织研究	
		13	枢纽换乘车站的组织管理及资源整合研究	
		10	轨道交通网络化清分清算研究	
		14	网络化条件下运营服务设计的研究	
	协调机制	15	投资、建设与运营之间协调机制的研究	
		17	政府与运营企业在票制票价制定中的协调机制究	
		19	多运营主体管理协调机制的研究	
		18	监管政策的研究	
		16	客流培育政策的研究	
安全保障	设施设备	21	运营系统设备安全管理的研究	82.94
		20	土建实施安全管理的研究	
	突发事件	22	网络化运营条件下应急预案的研究	
		26	应急救援及人员疏散的研究	
		23	非正常运营状况下的统一调度指挥的研究	
		25	突发事件信息发布的研究	
		24	应急资源统一调配的研究	
路网规划、设计和建设	规划、设计和建设	2	车站能力设计对网络化运营影响的研究	81.76
		4	换乘车站衔接方式设计对网络化运营影响的研究	
		3	车站设施设备设计对网络化运营影响的研究	
		1	配线的设计建设对网络化运营影响的研究	
		5	车站与周边设施配套设计对网络化运营影响的研究	
标准和规范	行车及客运组织	49	行车组织中列车跨线行车安全规则和统一行车操作标准的研究	77.49
		51	网络化的客运组织方案及规范的研究	
		50	网络运营客运组织规则的研究	
		48	完善修订网络化运营组织相关标准和规范的研究	
		52	客运服务标准化的研究	

续上表

类别	按专业分类	子项目编号	子项目名称	总得分
标准和规范	安全运营	53	网络化运营安全评价标准规范	77.49
		54	网络运营安全防恐标准体系研究	
		55	网络化运营条件下安全管理人员的资质考核标准研究	
		56	网络运营综合安全管理体系研究	
	设备选取与维护	59	制定新线接收标准规范,统一技术规程的研究	
		58	设备制式标准化的研究	
		57	设备设施选取标准化的研究	
		61	设备维修制度、检修规程的修订及完善的研究	
		62	网络信息体系标准的研究	
		60	对设备设施建立资产管理规范的研究	
资源配置及共享	车辆段	28	车辆段能力设计建设的研究	73.81
		27	车辆段共享的可行性研究	
	供电系统	29	北京城市轨道交通网络化供电可靠性的研究	
		31	供电系统应急能力研究	
		30	网络化条件下供电系统设计标准研究	
	维修资源	32	设备修程、修制的研究	
		33	维修资源合理调配的研究	
	物流管理	34	先进的管理信息系统对物资管理的研究	
		36	有效管理物资库存数量的研究	
		35	物资仓库选址和物资存储选址的研究	
运营管理信息化	运营管理信息化	42	城市轨道交通网络化客流信息管理的研究	71.91
		44	轨道交通网络化自动收费系统数据传输和信息安全标准研究	
		43	城市轨道交通网络化综合运营信息研究	
		41	面向路网调度的运营信息管理系统研究	
		40	互联互通网络传输系统建设的研究	
		39	信息共享与交换平台建设的研究	
		38	信息管理规范性研究	
	仿真技术应用	47	换乘车站客流组织仿真技术的应用研究	
		45	运营组织仿真技术的应用研究	
		46	环控通风与火灾排烟仿真技术的应用研究	

经过此方法排序以后可以得出以下结论:

- 将各个子项目进行归类以后形成综合性课题项目，有利于从总体上把握北京城市轨道交通未来需要研究的大方向；
- 将相似的子项目归纳在一起，使研究更加有系统性，体现了各子项目之间一定的关联性，有利于研究的开展；
- 有些子项目在专家打分排序的过程中认为很重要，但是在其相关类别的其他子项目重要程度上打分过低，导致整个大类的排序较为靠后；
- 将所有子项目归结为6大类是否合理有待下一步验证。

(2)问卷的二次数据分析

由于人为分类的六大类别包含子项目的重要度调查，在数理统计中可能出现彼此矛盾或者不相关，造成数据的不稳定性，所以在二次数据分析时通过因子分析重新进行分类。这样，各个分类中的项目在数据的关联性分析中彼此的一致性较高，可以直接比较它们的均值。本研究采用因子分析法对表6-3分类的科学性进行检验。

第一步采用因子分析，确定各个子项目之间的相关程度，具体方法如下：

设 m 个可能存在相关关系的原始变量 $X_1,X_2,\cdots X_m$ 含有 p 个独立的公共因子 $F_1,F_2,\cdots F_p(m\geqslant p)$，原始变量 X_i 含有特殊因子 $\varepsilon_i(i=1,2,\cdots,m)$，各个 ε_i 之间互不相关，且与 $F_j(j=1,2,\cdots,p)$ 之间也互不相关，每个 X_i 可由 p 个公共因子和自身对应的特殊因子 ε_i 现行表达

$$\begin{cases}X_1=a_{11}F_1+a_{12}F_2+\cdots a_{1p}F_p+\varepsilon_1\\X_2=a_{12}F_1+a_{22}F_2+\cdots a_{2p}F_p+\varepsilon_2\\\cdots\cdots\\X_m=a_{m1}F_1+a_{m2}F_2+\cdots a_{mp}F_p+\varepsilon_m\end{cases} \qquad \text{式(6-8)}$$

用矩阵表示

$$\begin{bmatrix}X_1\\X_2\\\vdots\\X_m\end{bmatrix}=(a_{ij})_{m\times p}\begin{bmatrix}F_1\\F_2\\\vdots\\F_p\end{bmatrix}+\begin{bmatrix}\varepsilon_1\\\varepsilon_2\\\vdots\\\varepsilon_m\end{bmatrix} \qquad \text{式(6-9)}$$

简记为

$$\underset{(m\times1)}{X}=\underset{(m\times p)}{A}\cdot\underset{(p\times1)}{F}+\underset{(m\times1)}{\varepsilon} \qquad \text{式(6-10)}$$

且满足

$m\geqslant p$；

$COV(F,\varepsilon)=0$，即 F 与 ε 是不相关的；

$E(F)=0,COV(\varepsilon)=\begin{pmatrix}1&&\\&\ddots&\\&&1\end{pmatrix}_{p\times p}=I_p$，即 $F_1,\cdots F_p$ 不相关，且方差皆为1，

均值皆为0；

$E(\varepsilon)=0, COV(\varepsilon)=I_m$，即 $\varepsilon_1,\varepsilon_2,\cdots\varepsilon_m$ 互不相关，且都是标准化的变量，假定 $X_1,X_2,\cdots X_m$ 也是标准化的，但并不相互独立。

式中，A 为因子符合矩阵，其元素 a_{ij} 表示第 i 个变量(X_i)在第 j 个公共因子 F_j 上的负荷。

第二步采用聚类分析法，将所有子项目归结为不同的类别数量（假设分类从5类到9类）观察其合理性，验证表6－3的分类是否合理。将相关系数作为初始距离，采用重心法进行聚类其具体方法如下：

设聚类到某一步，G_p 和 G_q 分别有样本 n_p,n_q 个，将 G_p 和 G_q 合并为 G_r，则其重心是 $\overline{X}_r=\frac{1}{n_r}(n_p\overline{X}_p+n_q\overline{X}_q)$，某一类 G_k 的重心是 X_k，它与新类 G_r 的距离为

$$D_{kr}^2=\frac{n_p}{n_r}D_{kp}^2+\frac{n_q}{n_r}D_{kq}^2-\frac{n_pn_q}{n_rn_r}D_{pq}^2 \qquad 式(6-11)$$

距离最短的两类合并为新类。结果见下表。

表6－4 有待研究子项目重要度二次分析（聚类分析）排序表

类号	类别	编号	子项目名称	内部一致性	均值
1	信息化与规范化（均值74.88，解释23%总方差）	42	城市轨道交通网络化客流信息管理的研究	0.98	76.10
		43	城市轨道交通网络化综合运营信息研究		75.57
		41	面向路网调度的运营信息管理系统研究		75.41
		39	信息共享与交换平台建设的研究		71.35
		44	轨道交通网络化自动收费系统数据传输和信息安全标准研究		74.35
		40	互联互通网络传输系统建设的研究		71.53
		38	信息管理规范性研究		67.60
		37	具备资源共享条件的车辆设计标准研究		73.04
		60	对设备设施建立资产管理规范的研究		73.55
		36	有效管理物资库存数量的研究		65.06
		51	网络化的客运组织方案及规范的研究		83.26
		15	运营与投资、建设之间协调机制的研究		81.51
		62	网络信息体系标准的研究		74.36
		18	监管政策的研究		64.47
		59	制定新线接收标准规范，统一技术规程的研究		83.13
		50	网络运营客运组织规则的研究		81.87
		28	车辆段能力设计建设的研究		81.80
		31	供电系统应急能力研究		77.14
		19	多运营主体管理协调机制的研究		69.90

续上表

类号	类别	编号	子项目名称	内部一致性	均值
2	设备与硬件技术基础（均值75.04，解释14%总方差）	32	设备修程、修制的研究	0.96	73.98
		47	换乘车站客流组织仿真技术的应用研究		70.96
		46	环控通风与火灾排烟仿真技术的应用研究		70.85
		58	设备制式标准化的研究		79.87
		57	设备设施选取标准化的研究		77.81
		21	运营系统设备安全管理的研究		81.53
		33	维修资源合理调配的研究		73.80
		45	运营组织仿真技术的应用研究		70.21
		20	土建实施安全管理的研究		77.35
		34	先进的管理信息系统对物资管理的研究		67.50
		61	设备维修制度、检修规程的修订及完善的研究		77.00
		48	完善修订网络化运营组织相关标准和规范的研究		79.68
3	网络化运营组织（均值81.89，解释14%总方差）	9	网络化运营条件下客流分析及预测的研究	0.95	89.47
		11	换乘站客流组织示范性研究		80.20
		22	网络化运营条件下应急预案的研究		85.69
		7	路网运行图编制的研究		82.96
		23	非正常运营状况下的统一调度指挥的研究		83.63
		12	特殊运营状况下客流组织研究		78.84
		2	车站能力设计对网络化运营影响的研究		90.10
		8	共线运营条件下运输能力提高及可行性分析的研究		75.65
		24	应急资源统一调配的研究		78.80
		14	网络化条件下运营服务设计的研究		71.82
		26	应急救援及人员疏散的研究		83.67
4	车站与周边建设（均值76.39，解释13%总方差）	5	车站与周边设施配套设计对网络化运营影响的研究	0.91	72.60
		1	配线的设计建设对网络化运营影响的研究		78.92
		4	换乘车站衔接方式设计对网络化运营影响的研究		89.42
		3	车站设施设备设计对网络化运营影响的研究		81.77
		13	枢纽换乘车站的组织管理及资源整合研究		77.76
		35	物资仓库选址和物资存储选址的研究		61.80
		17	政府与运营企业在票制票价制定中的协调机制究		72.49
5	安全、管理、服务（均值79.03，解释10%总方差）	52	网络化运营条件下安全管理人员的资质考核标准研究	0.91	79.00
		55	客运服务标准化的研究		73.32
		6	网络化运营条件下行车组织的研究		86.02
		56	网络运营综合安全管理体系研究		78.72
		53	网络化运营安全评价标准规范		82.30
		16	客流培育政策的研究		62.61

续上表

类号	类别	编号	子项目名称	内部一致性	均值
5	安全、管理、服务(均值 79.03,解释 10%总方差)	10	轨道交通网络化清分清算研究		71.94
		54	网络运营安全防恐标准体系研究		78.85
		25	突发事件信息发布的研究		80.08
		49	行车组织中列车跨线行车安全规则和统一行车操作标准的研究		97.43
6	共享基础条件(均值 77.88,解释 7%总方差)	30	网络化条件下供电系统设计标准研究	0.81	79.63
		29	北京城市轨道交通网络化供电可靠性的研究		81.90
		27	车辆段共享的可行性研究		72.10

经过分析和比较得出以下结论:

■ 经验证,将全部子项目归结为新划分的 6 个大类可以解释全部数据方差的 81%,是合理的,这说明此分类基本是有效的;

■ 内部一致性系数说明各个研究子项目之间的一致性,通过 Cronbach alpha 系数来衡量,一般认为 >0.7 可以接受,>0.9 优秀,除了最后一个大类之外,其他各类的内部一致性均达到优秀水平。

将每一大类的均值按照从高到低进行排序,结果见下表。

表 6-5 有待研究的子项目二次分析按类别均值排序表

类重要度	类号	类别	编号	子项目名称	类均值	均值	重要度
1	第 3 类	网络化运营组织	2	车站能力设计对网络化运营影响的研究	81.89	90.1	1
			9	网络化运营条件下客流分析及预测的研究		89.47	2
			22	网络化运营条件下应急预案的研究		85.69	3
			26	应急救援及人员疏散的研究		83.67	4
			23	非正常运营状况下的统一调度指挥的研究		83.63	5
			7	路网运行图编制的研究		82.96	6
			11	换乘站客流组织示范性研究		80.2	7
			12	特殊运营状况下客流组织研究		78.84	8
			24	应急资源统一调配的研究		78.8	9
			8	共线运营条件下运输能力提高及可行性分析的研究		75.65	10
			14	网络化条件下运营服务设计的研究		71.82	11
2	第 5 类	安全管理服务	49	行车组织中列车跨线行车安全规则和统一行车操作标准的研究	79.03	97.43	1
			6	网络化运营条件下行车组织的研究		86.02	2
			53	网络化运营安全评价标准规范		82.3	3
			25	突发事件信息发布的研究		80.08	4
			52	网络化运营条件下安全管理人员的资质考核标准研究		79	5
			54	网络运营安全防恐标准体系研究		78.85	6

续上表

类重要度	类号	类别	编号	子项目名称	类均值	均值	重要度
2	第5类	安全管理服务	56	网络运营综合安全管理体系研究		78.72	7
			55	客运服务标准化的研究		73.32	8
			10	轨道交通网络化清分清算研究		71.94	9
			16	客流培育政策的研究		62.61	10
3	第6类	共享基础条件	29	北京城市轨道交通网络化供电可靠性的研究	77.88	81.9	1
			30	网络化条件下供电系统设计标准研究		79.63	2
			27	车辆段共享的可行性研究		72.1	3
4	第4类	车站与周边建设	4	换乘车站衔接方式设计对网络化运营影响的研究	76.39	89.42	1
			3	车站设施设备设计对网络化运营影响的研究		81.77	2
			1	配线的设计建设对网络化运营影响的研究		78.92	3
			13	枢纽换乘车站的组织管理及资源整合研究		77.76	4
			5	车站与周边设施配套设计对网络化运营影响的研究		72.6	5
			17	政府与运营企业在票制票价制定中的协调机制究		72.49	6
			35	物资仓库选址和物资存储选址的研究		61.8	7
5	第2类	设备与硬件技术基础	21	运营系统设备安全管理的研究	75.04	81.53	1
			58	设备制式标准化的研究		79.87	2
			48	完善修订网络化运营组织相关标准和规范的研究		79.68	3
			57	设备设施选取标准化的研究		77.81	4
			20	土建实施安全管理的研究		77.35	5
			61	设备维修制度、检修规程的修订及完善的研究		77	6
			32	设备修程、修制的研究		73.98	7
			33	维修资源合理调配的研究		73.8	8
			47	换乘车站客流组织仿真技术的应用研究		70.96	9
			46	环控通风与火灾排烟仿真技术的应用研究		70.85	10
			45	运营组织仿真技术的应用研究		70.21	11
			34	先进的管理信息系统对物资管理的研究		67.5	12
6	第1类	信息化与规范化	51	网络化的客运组织方案及规范的研究	74.88	83.26	1
			59	制定新线接收标准规范，统一技术规程的研究		83.13	2
			50	网络运营客运组织规则的研究		81.87	3
			28	车辆段能力设计建设的研究		81.8	4
			15	运营与投资、建设之间协调机制的研究		81.51	5
			31	供电系统应急能力研究		77.14	6
			42	城市轨道交通网络化客流信息管理的研究		76.1	7
			43	城市轨道交通网络化综合运营信息研究		75.57	8
			41	面向路网调度的运营信息管理系统研究		75.41	9
			62	网络信息体系标准的研究		74.36	10

续上表

类重要度	类号	类别	编号	子项目名称	类均值	均值	重要度
6	第1类	信息化与规范化	44	轨道交通网络化自动收费系统数据传输和信息安全标准研究		74.35	11
			60	对设备设施建立资产管理规范的研究		73.55	12
			37	具备资源共享条件的车辆设计标准研究		73.04	13
			40	互联互通网络传输系统建设的研究		71.53	14
			39	信息共享与交换平台建设的研究		71.35	15
			19	多运营主体管理协调机制的研究		69.9	16
			38	信息管理规范性研究		67.6	17
			36	有效管理物资库存数量的研究		65.06	18
			18	监管政策的研究		64.47	19

由上表可以看出，表6－5研究大类的划分与表6－3大体相同，只是在分类名称的提法上有所区别，并且每一类包含的子项目有所差别。为验证表6－3分类的合理性，通过科学的数学模型进行计算得出的结果更有说服力。

由表6－3与表6－5比较后看出，其分类得到的均值排列顺序相差不多。

以上虽然将全部子项目进行了归类，但是没有解决子项目过多和研究范围小的问题。如果不集中地进行归纳，有些子项目之间交叉渗透，可能会造成重复研究的现象。

为了解决上述的不足之处，我们采用主成分分析法，选出每一大类中对本类有重要影响的课题，同时将对大类影响程度较小的子项目也归纳到相应类别的综合项目中，将其作为新归纳出的综合项目的一个研究内容。主成分分析方法如下：

计算相关系数矩阵：

$$R = \begin{bmatrix} r_{11} & r_{12} & \cdots & r_{1p} \\ r_{21} & r_{22} & \cdots & r_{2p} \\ \vdots & \vdots & & \vdots \\ r_{p1} & r_{p2} & \cdots & r_{pp} \end{bmatrix} \quad \text{式}(6-12)$$

式中 $r_{ij}(i,j=1,2,\cdots,p)$ 为原来变量 x_i 与 x_j 的相关系数，其计算公式为

$$r_{ij} = \frac{\sum_{k=1}^{n}(x_{ki}-\bar{x}_i)(x_{ki}-\bar{x}_j)}{\sqrt{\sum_{k=1}^{n}(x_{ki}-\bar{x}_i)^2\sum_{k=1}^{n}(x_{ki}-\bar{x}_j)^2}} \quad \text{式}(6-13)$$

计算特征值与特征向量：

求解特征方程 $|\lambda_i - R| = 0$，得出特征值 $\lambda_i(i=1,2,\cdots,p)$，并使其按大小顺

序排列，即 $\lambda_1 \geqslant \lambda_2 \geqslant \cdots \geqslant \lambda_p \geqslant 0$；然后分别求出对应于特征值 λ_i 的特征向量 $e_i(i=1,2,\cdots,p)$。

计算主成分贡献率及累计贡献率：

$$\text{主成分 } z_i \text{ 的贡献率} = \frac{r_i}{\sum_{k=1}^{p} r_k} \quad i,k=1,2,\cdots,p \qquad \text{式}(6-14)$$

$$\text{累计贡献率} = \frac{\sum_{k=1}^{m} r_k}{\sum_{k=1}^{p} r_k} \qquad \text{式}(6-15)$$

一般取累计贡献率达 85% ~95% 的特征值 λ_1、λ_2、…、λ_m 所对应的第 1、第 2、……、第 $m(m \leqslant p)$ 个分量为主成分。

计算主成分载荷：

$$p(z_k, x_i) = \sqrt{r_k e_{ki}} \quad i,k=1,2,\cdots,p \qquad \text{式}(6-16)$$

由此式可计算主成分得分

$$Z = \begin{bmatrix} z_{11} & z_{12} & \cdots & z_{1m} \\ z_{21} & z_{22} & \cdots & z_{2m} \\ \vdots & \vdots & & \vdots \\ z_{n1} & z_{n2} & \cdots & z_{nm} \end{bmatrix} \qquad \text{式}(6-17)$$

采用公式（6－12）至（6－16）对表 6－5 各研究大类中的子项目进行计算，将一些对大类影响较小的子项目合并到对大类影响程度大的项目中，并且重新命名后，得出 20 个综合研究项目，结果见下表。

表 6－6　北京城市轨道交通网络化运营研究的 20 个综合研究项目

类别		综合研究项目	对应子项目编号
运营组织及协调	行车组织	网络化运营行车组织协调及运输能力提高的研究	6、7、8
	客运组织	网络化运营条件下客流清分计算及预测的研究	9、10
		换乘枢纽站客流组织及资源管理整合的示范性研究	11、12、13
		网络化条件下运营服务设计的研究	14
	协调机制	投资、建设与运营之间协调机制的研究	15、16、17、18
		多运营主体管理协调机制的研究	19
安全保障	设施设备	保障网络化安全运营的土建设施管理研究	20
		保障网络化安全运营的设备管理研究	21
	突发事件	网络化运营条件下应急指挥及资源统一调配的研究	22、23、24、25、26
规划建设	线网规划	路网规划、设计和建设服务于网络化运营的研究	1
	车站设计	车站设计和建设对网络化运营影响的研究	2、3、4、5
标准和规范体系	行车及客运组织	网络运营及客运组织规则和标准化的研究	48、49、50、51
	安全运营	网络化运营安全标准及规范的研究	52、53、54、55、56
	设备选取与维护	网络化运营设备设施选取标准化的研究	57、58、59、60、61、62

续上表

类　　别		综 合 研 究 项 目	对应子项目编号
资源配置及共享	车辆段	网络化运营条件下车辆段共享的可行性研究	27、28
	供电系统	网络化供电系统可靠性及设计标准的研究	29、30、31
	维修资源	维修资源共享及合理调配的研究	32、33
	物流管理	先进的物资管理技术在网络化运营中的应用研究	34、35、36、37
运营管理信息化	运营管理信息化	网络化运营管理信息化及规范化的研究	38、39、40、41、42、43、44
	仿真技术应用	突发应急处置及客流组织仿真技术的应用研究	45、46、47

北京城市轨道交通未来 3 ~5 年将有众多新线投入运营，为了使以上 20 个综合研究项目更好地开展，使其研究成果尽快服务于网络化运营，本课题将这 20 个综合研究项目归纳为 3 个重大研究任务。以下 3 个重大研究任务包含全部的综合研究项目，这样归纳后将有利于研究按年度计划实施，有利于在短时间内快速开展研究。3 个重大研究任务如下：

■ “北京城市轨道交通网络化运营组织及协调机制的研究”；

■ “实现北京城市轨道交通网络化运营资源共享及标准规范体系的研究”；

■ “影响北京城市轨道交通网络化运营效率和服务水平的规划及建设问题的研究”。

7 北京城市轨道交通网络化运营关键技术选择

7.1 轨道交通线网规划建设关键技术

7.1.1 轨道交通线网规划关键技术

7.1.1.1 轨道交通线网规模规划

(1)基于交通出行需求的轨道交通线网规模规划

出行需求分析法是利用出行总量和轨道交通线路负荷强度之间的关系来推算线网规模的方法。其首先根据城市人口规模、居民出行强度等预测规划年全方式居民出行总量,然后根据城市居民出行特征、未来交通发展战略及可能提供的交通方式等影响因素确定客运交通结构和公交客运总量,最后根据拟定的线路负荷强度确定所需的轨道交通线网规模。其中,影响线网负荷强度的因素有社会经济发展水平、城市空间结构、城市综合交通路网布局等。

(2)基于路网密度的轨道交通线网规模规划

城市轨道交通线网作为一种公交网络,用于服务城市区域内居民出行。根据这一特点,可以利用城市建成区面积和线网密度的关系,推导线网规模,从而保证城市建成区处于轨道交通的吸引范围内。使用这种方法确定轨道交通规模时,要对市中心区和市边缘区区别对待,一般轨道线网密度由市中心向外逐渐降低,市中心内轨道交通吸引半径为 750 m,边缘区吸引半径为 2 km,同时根据实际路况、路网布局等适当调整。

(3)回归分析法

回归分析法确定影响城市轨道交通网络规模的主要因素,利用若干个样本城市相关资料,对轨道网规模及各主要影响因素进行拟合,从中找出线网规模与各主要相关因素的函数关系,然后根据各相关因素在规划年限的预测值,利用函数关系式预测规划年所需的轨道线网规模。

(4)服务水平类比法

服务水平类比法是先将研究范围分为几个区域,如中心区、市区或市域等,然后根据同类城市(区域)轨道交通系统的服务水平指标,确定城市轨道交通线网服务水平和规模。反映城市轨道交通服务水平的指标包括线网密度、万人拥有轨道线网长度、出行时间、线网覆盖率等,其中线网密度、万人拥有轨道线网长度是影响轨道线网规模的主要因素。

7.1.1.2 轨道交通线网布局规划

(1)点、线、面要素层次分析法

“点”、“线”、“面”是三个不同层次的研究要素。“点”代表局部、个体性的问题,即客流集散点、换乘节点和起终点的分布,它是轨道交通设站服务、吸引客流的发生点;“线”代表方向性问题,即城市客流流经的轨道交通走廊布局,它是分析和选择线路走向的基本因素;“面”代表整体性、全局性的问题,即根据城市地位、规模、形态、对外衔接、土地利用格局、交通需求、线网规模等因素确定线网结构和对外出口的分布形态。

(2)功能层次分析法

这种方法是以轨道交通规划目标、原则、功能层次划分为前导,以“枢纽为纲、线路为目”确定轨道交通线网的方法,其注重轨道交通对城市发展和土地开发的作用,以交通枢纽为节点,以现有和潜在的客运交通走廊为骨干,综合考虑轨道交通线网的功能层次划分,最终建立以枢纽为核心,功能层次分明的轨道交通网络。一般情况下,这种方法将整个城市的轨道交通网按功能分做三个层次,即骨干层、扩展层、充实层。其中骨干层与城市基本结构形态吻合,是基本线网骨架,扩展层在骨干层基础上向外围扩展,充实层是为了增加线网密度,提高服务水平。

(3)逐线规划扩充法

这种方法是以原有的快速轨道交通路网为基础,进行线网规模扩充,以适应城市发展。为此,必须在已建线路的基础上,调整规划已有的其他未建线路,来扩充新的线路,并将每条线路一次纳入线网后,形成最终的线网规划方案。

(4)基于城市空间结构的轨道交通线网布局规划方法

城市空间结构与轨道线网结构是相辅相成的关系。一方面轨道线网的空间结构必须以城市土地利用空间结构为基本立足点,另一方面轨道线网规划应有意识地与未来城市规划空间结构相结合,充分发挥交通的先导作用,以利于促进城市由单中心圈层式结构向多中心轴向结构发展。

基于城市空间结构的轨道交通线网布局规划方法就是以未来城市空间结构发展规划为依据,确定轨道交通路网走向,以发挥“交通引导城市”发展的效应,以便于城市用地布局规划调整和整个交通系统设计的结合。

(5)基于交通区位线法的轨道交通线网布局规划

交通区位分析布局法是在交通区位论的基础上发展起来的一种新兴的路

网布局方法。它从运输需求产生的源头出发，找出规划区域内交通产生的高发地带，这个交通高发地带就是通常所讲的交通区位线。具体的说是通过对规划范围的出行强度、城市空间布局、人口分布等需求情况的分析，从根本上找出交通产生可能性最大的地带，以此作为路线布局走向的依据来布局交通干线。

交通区位分析布局法的最大特点是从交通需求的源头出发，强调交通对城市空间发展的引导作用，适合于远期轨道交通线网规划，但它是一种宏观的布局方法，当规划区域较小或等级较低时无法很好地处理。

7.1.1.3　轨道交通客流预测

(1)基于 TransCAD 的客流预测方法

①远景规划线网客流预测

尽管许多城市都有“城市综合交通规划”，但由于轨道交通客流预测的年限与综合交通规划不同，因此在轨道交通客流预测之前必须进行出行预测，它是进一步作客流分配的基础和必要前提。

轨道交通客流指标的预测是出行预测的最终目的。该过程是应用专用软件(国内常用的包括 TransCAD、Cube、EMME/2 等)建立的城市交通模型，将出行预测阶段得到公共交通方式 OD 在不同的轨道交通线网方案上进行分配，得到全网客流总量，再在客流总量的控制下，进一步得到各条线路的客流指标，进而对客流特征进行对比分析和适应性分析。

②修建计划近期客流预测

与远景规划线网客流预测基本思路相同，区别在于两者测试的对象不同，后者是远景规划线网，而本阶段是近期建设线网。

TransCAD 提供了交通需求预测中常用的一系列网络分析模型、交通规划与出行需求模型、路径选择与运行管理模型、分布与定位模型等，使交通规划者可以方便地对线网客流进行预测。基于 TransCAD 的轨道交通客流预测方法以经典的“四阶段法”为基础，结合轨道交通方式和其他交通方式的特点，对“四阶段法”中的某些模型做出调整，其与居民的实际出行行为更加吻合。利用 TransCAD 软件可建立轨道交通网络模型，从而对其客流进行预测。

(2)基于出行行为的客流预测方法

基于行为的客流预测方法是一种非集计的预测方法。其以个体出行链为基本研究单位，描述出行个体全天的出行活动以及这些活动在时间上和空间上的发生顺序，能够更好地预测个体的出行行为特征和精确地模拟个体的出行行为。

7.1.2　基于主通道增长法和建设成本优化法的联络线布局方法

基于主通道增长法和建设成本优化法的联络线布局方法是以城市轨道交通

建设成本大，线路建成后土建工程难以改变为约束条件，在分析轨道交通联络线在路网中的数量关系的基础上，建立以连通图为基础的数学模型的方法。其中，主通道增长法是按照“循序渐进”的思路，随路网发展的步骤和顺序逐渐确定联络线的布局，适用于既有城市轨道线路格局已定、不便更改和线路数量不多、线路间连通关系较为简单的路网；建设成本优化法则是从“面向全局，整体策划”思路出发，确定联络线的布局，适用于城市轨道路网规划之初，线路数量较多，线路间连通关系较为复杂的路网。

7.1.3 车站布局规划设计关键技术

(1)基于乘客总出行时间最小的最优站距模型

轨道交通是具有公益性的基础设施，在站间距设计中要体现出轨道交通对社会、经济发展服务的原则。基于乘客总出行费用最小的轨道交通站间距模型研究是以减少出行时间、增大劳动力扩大再生产时间为目标。当站间距很小时，因为中间停车较多而降低了列车的平均速度，导致乘客总出行时间较大，同时设站过多也增加了轨道交通线路的建设费用。当站间距较大时，乘客到站、离站的时间会相应加长，导致总出行时间很大，但可减少建设站点的费用。由此可见，过小或者过大的站间距都可能使乘客总出行时间变大，因此有必要在这之间选择某个最优站间距，使乘客总出行时间最小，建设成本适中。

(2)基于聚类分析方法的轨道交通车站分类

聚类分析是基于“物以类聚”的朴素思想，按照一定的事物特征和规模对其进行聚类或分类，由于分类问题往往伴随着模糊性，所以用模糊方法进行聚类分析显得更符合客观实际。运用聚类分析方法解决城市轨道交通车站分类问题的主要步骤如下：首先选取交通出行方式作为聚类因子；其次运用层次聚类方法对车站进行聚类分析；最后以定性的方法对聚类结果做进一步地分析，确定车站分类，知道车站规划设计。其中聚类因子的选取和分析是重点，主要是车站的相关硬件设施，比如车站处与轨道线路垂直的道路系统、轨道车站处普通公交车站的设置与其运营的线路布设及走向、相关的自行车停车设施、小汽车停车场，还有周围相关的用地特征，比如商业、居住等。

(3)基于动态交通仿真技术的轨道交通车站设计

交通仿真是采用计算机数字模型来反映复杂交通现象的交通分析方法，它是计算机技术在交通工程领域的重要应用。基于车站客流仿真技术的轨道交通车站设计方法是指运用仿真软件从时间和空间上复现车站，尤其是换乘车站的客流变化情况，并反复论证客流组织方案，为规划设计轨道交通车站提供技术支持。目前应用较广的轨道交通车站仿真软件有 Legion 和 EVACNET4 软件，其中 Legion 是由英国 Legion 公司开发的车站客流模拟软件；EVACNET4 是基于安全性的车站客流疏散模拟软件,其由美国佛罗里达大学开发。

(4)基于一体化的换乘车站规划设计

换乘车站一体化规划设计的基本理念是:车站各项功能尽量集中,并充分利用地上、地下、空间资源;商务用房与功能区分开,实现独立工作环境;方便乘客换乘、出行,客流组织合理化。

针对大型换乘枢纽站,在交通流线组织上设计力求实现人车分流、互不交叉。

7.1.4 轨道交通建设序列制定关键技术

轨道线网建设时序研究应以城市总体规划、城市经济发展规划、线网构架方案为基础,分析城市交通需求和经济实力的发展变化,分析轨道线网的建设时机,从而确定轨道线网的建设时序。目前采用较多的方法是由"第一条线路选择、骨干线网形成、发展线网形成、辅路线网形成"构成的渐进分析方法。

(1)第一条线路选择方法

"第一条线路"即为城市重要交通客运走廊,其反映城市的主客流方向。对其识别的方法主要有:

①经验判断法:根据城市人口与岗位分布情况,设定影响范围,通过对线网覆盖率的判断来确定线路的走向。

②出行期望经路图法:规划年初性预测得到远期全人口、全方式 OD 矩阵,将远期 OD 矩阵按距离最短路分配到远期道路网上得到出行期望经路图。按出行期望经路图上的交通流量选线,产生初始线网。

③两步聚类识别法:先通过动态聚类,将所有的交通流量对分类 20 ~ 30 个聚类中心,而后通过模糊聚类法,以不同的 λ 截阵选择合适的分类,并进行聚类计算,最后可获得交通的主流向及流量并结合走廊布局原则及方法确定主要交通走廊。

④期望线网法:这是由法国 SYSTRA 公司与上海规划设计院合作进行上海城市轨道交通规划时采纳的方法。这里的期望线有别于城市交通规划中通常使用的期望线,更多地考虑了小区之间的路径选择,期望线网可以清晰地表达交通区分较细情况下理想的交通分布状况。它是连接各交通小区的虚拟空间网络,在该网络上采用全有全无分配法将公交 OD 矩阵进行分配,从而明确客流主流向确定交通走廊。

(2)其他线路建设序列方法

除第一条线路外,在工程实施阶段还要确定其他线路的实施序列。其他线路建设序列可采用成本—效益模型确定。成本—效益模型以综合效益最大化、成本收回最早化为目标,确定线路建设的轻重缓急。

7.2 网络化运营组织关键技术与分析

7.2.1 基于城市轨道交通网协调的运输组织优化技术

7.2.1.1 轨道交通网络列车衔接组织的递阶协调优化

协调轨道交通网络列车的运行组织，能够使运能资源得到合理配置。在分析网络协调性的基础上，将轨道交通网络视作动态大系统，建立换乘站子系统所在衔接层的换乘时间效益优化模型，再从网络协调层对换乘节点间列车衔接方案进行全局递阶优化，描述相应的并行协调求解算法。结合实例模拟协调过程获得可选方案，对协调性和适用性做比较，结果表明该方法可根据不同需求产生相应协调方案，为列车运行组织提供决策依据。

研究采用分步骤的方法，将线路交汇的换乘站作为主要协调点，从主要换乘站开始，以该站的最优衔接方案为基础，当与邻接换乘站的最优方案冲突时，按照协调要素的优先级，依次排定各线路列车在站到发时间，再逐步推广至全网络范围的所有线路和车站，从而获得网络运输能力利用最优。

7.2.1.2 首末班列车发车时间域研究技术

首末班列车的换乘衔接在网络化运营条件下具有特殊意义。研究中从多线换乘接续的可达性和合理性两方面构造多向列车换乘衔接模型，根据早晚间客流特点建立首末班列车发车时间域的计算方法。将换乘站内部的列车到发时序衔接与网络换乘节点间的协调相结合，设计分层协调的优化策略和算法，实现网络列车运行的综合协调。

7.2.1.3 网络化共线运营的研究技术

随着线路的延伸，不同客流的分布状态多样化，可以采取灵活的运营方式。通过多方论证，在具备条件和具有需求的线路上，可以通过共线运营解决运能与运量之间、行车组织与设备条件之间的矛盾。在共线运营中，接轨站是整个线路的瓶颈，为此对接轨站折返线交路方式进行研究，摆脱共线段能力的限制，运营服务水平能得到兼顾，从而优化运营组织调整条件。

研究采用两线共线运营与单线多交路运营相结合的方式，在客流较大的非共线区段插入小交路，通过加快该区段车底的周转速度，缓解该区段的客流压力。

研究运输能力储备有利于应对日常行车组织中非正常情况的运营调整，以及不同时间段的乘客需求变化等情况。研究对接轨站接发车能力、线路追踪能力、折返站折返能力，充分考虑实际作业组织过程中各种客观因素造成的通过能力损失。重新设计共线运营组织方案，必要时进行线路改造。在制定运营组织方案时同时考虑初、近、远期客流需求，以及共线段的运输能力储备。

7.2.2　客运组织技术

从研究的技术选择上，城市轨道交通目前正处于快速发展时期，在城市布局、路网结构不断变化的同时，仅凭当前掌握的各线历史客流量数据预测和把握今后各关键换乘站、新线乃至整个路网的客流情况，具有很大的难度。所以可以尝试进行详细的周边出行调查，了解区域综合交通规划，分析不同票制票价下的客流灵敏度、换乘站乘客换乘行为，从宏观层面把握整体客流变化的规律和趋势，再具体地结合各线的客流历史数据和现状客流特征，定期分析客流变化，全面掌握高峰小时断面流量、换乘量、进出站量，及时采取应对措施。运用先进的预测模型和方法，对已经运营和即将开通规划的轨道交通网络客流做出科学的预测和分析。努力把握网络化运营的规律，建立应对大客流的长效机制，实现客流组织安全有序。

7.2.2.1　换乘车站客流组织仿真技术

随着城市轨道交通网络化进程的推进，路网的运力得到进一步的提升，同时也会带来换乘车站客流的激增，并且换乘车站中的客流组织是一项十分复杂的系统性工作，因此结合仿真技术研究车站客流组织是有必要的。

车站客流组织仿真技术的应用，是利用仿真技术研究人群管理，细分不同人群，对于不同的人群定义不同的行为规则。并且，在突发大客流或突发事件时，针对人群的不同反应，应该采取的客流组织方案和限流措施方案进行仿真。

利用仿真技术，估测行人在特定区域的停留时间长度，检测内部几何结构的潜在问题——即加入障碍物或其他应用之后可能会带来的影响。研究行人在连续空间中行进，对不同类型的障碍物（设备或不同的区域等）做出的反应。通过建立容量模型，为车站采用限流措施提供定量依据；为换乘站服务的改善提供定量依据；通过改变模型的各种参数，使模型在不同的配置下运行，观察客流在不同组织状态下的仿真结果，从而发现客流组织中的问题，并对相应的调整方案进行验证。

7.2.2.2　运营组织仿真技术的应用

城市轨道交通因城市客流增长的需要，由单条线路逐步连接成路网。单线运营组织的最优方案在全网络中不一定适用，往往受到其他线路的影响。这种影响表现为多条线路的交汇使客流在不同线路区域间移动，对某条线路而言客流量会有所增长。同时各线路高峰时段的差异引起路网客流变化的穿插而呈现不规则性，对列车运行组织方案提出了更高的要求。

需要对城市轨道交通网络运营与客流的基础数据进行管理，实现对运输组织、运行控制、网络客流、车站客流等方面综合因素分析的仿真。

为实现运营组织的仿真,需要结合北京地铁的实际情况对以下技术进行研究:城市轨道交通网络列车运行图的智能化编制和调整;网络列车运行计划的分层协调模型建立和算法设计;不同运行策略的列车运行速度、时分仿真计算模型的建立和算法设计;列车运行延误的网络传播及预案效果仿真评价技术;车站空间布局模型、地图生成和编辑及行人仿真地图识别技术;乘客在车站运行过程的智能化路径搜索模型的建立和算法设计;行人动力学模型的建立和算法设计;基于列车运行方案的车站客流分布仿真;车站空间布局和客运设备的仿真评价指标体系;列车运输组织与枢纽车站客流组织的协调技术。

7.2.2.3 无缝换乘条件下城市轨道交通网络客流分配模型及算法

当前轨道交通的配流模型和算法研究大多是依据公交配流的理论加以改进和推广所得。公交配流的理论研究大多是从乘客出行行为特性出发,对公交网络的特点进行描述,分析公交站点和线路上的阻抗函数特征,同时考虑交通管理系统和公共交通设施的限制,如列车的载运量、发车间隔、列车环境的舒适度,以及交通线路的资金限制等等,在模型的建立上主要还是以 Wardrop 平衡原理为主,针对不同客流情况加以改进。获得研究成果有:扩展了公交网络的描述,引入了共线和吸引集的表述方法,引入超级路径作为公交网络客流分配的基础,大多考虑了拥挤效应,包括车站和列车内部的拥挤性,考虑了乘客出行中的随机性,通过变分不等式构造和研究了均衡配流问题。

算法的研究主要分为数值解法、启发式算法和对两种算法的综合。数值解法大多以 Frank – Wolfe 算法为基础进行扩展和改进,主要有改进收敛性能、方向加速策略、步长加速策略和流量更新策略等。启发式算法主要有全有全无网络加载、全有全无分配法、容量限制分配、增量加载分配和逐次平均分配等。

结合国内城市轨道交通无缝换乘的运营特点,充分考虑影响城市轨道交通网络客流分配的主要因素(包括出行时间和换乘次数),以及城市轨道交通网络的特有属性,构造城市轨道交通网络的广义费用函数,并分析乘客在城市轨道交通网络中的路径选择行为。在此基础上,基于随机用户平衡原则提出城市轨道交通网络客流分配问题的数学优化模型,在模型的求解中,分析目前常用的有效路径搜索方法并设计了基于图的深度优先搜索算法,以得出符合现实的有效路径集合,并给出求解配流模型的连续平均算法。

7.2.2.4 客运组织安全关键技术

(1)建立自上而下的三级客运管理体系

为适应地铁网络化运营的需要,由单线组织管理方式向全局网络综合管理方式的转化势在必行,需要建立从全网运营中心到线路控制中心再到车站自上而下的客运管理流程。

(2)地铁调度和车站客运系统的安全评估

调度情况评估是对地铁安全运营的核心的一个考察，总调度室主要负责对整个地铁运营行车进行控制、对突发事件采取应变对策，是保障运营的关键部门，其分为电力调度、行车调度和环控调度。它包括特殊情况下的列车运行组织、应急救援方案等；调度人员处理紧急事件的能力，人员素质及培训等；主要行车事故分析。其中将特殊情况下的列车运行组织、应急救援方案，调度人员在处理紧急事件的能力，人员素质及培训，保障运营安全的管理制度作为该单元评估工作的重点。

车站客运系统的安全评估主要包括以下内容：车站站区情况如站区列车运营调度、站区安全管理情况、工作人员状况分析、行车设备状况、作业过程状况、设备隐患状况、存在问题及整改措施、候车厅的设计和达标（充分考虑人口增长带来的客流压力，遵照有关地铁合格验证的相关条款）、车站事故处理、车站乘客紧急疏散方案等。

（3）制定运行时间匹配的路网列车运行计划

“牵一发而动全身”，地铁网络化运营之后，单线的运营及安全状况不仅直接影响该线，而且间接影响其他线路在路网上的运营安全。另外，单线运营组织的最优方案在全网络中不一定适用，往往受到其他线路的影响。这种影响表现为两个方面：一方面，多条线路的交汇使客流在不同线路区域间移动，对某条线路而言客流量有所增长，同时各线路高峰时段的差异引起路网客流变化的穿插而呈现不规则性，对列车开行方案的多样化提出了需求；另一方面，多条线路在换乘枢纽站的交汇对行车组织及车站设备、空间资源利用等提出了更高要求，需在其他线路的列车合理开行的前提下，制定运行时间匹配的路网列车运行计划。

（4）突发事件客流情况的统计和分析

通过对客运场所的历史资料以及危害因素的有关分析，将重点确立为突发事件的应对及处置能力、设施以及控制预防手段；应急处理措施以及人员培训情况；紧急情况下站台最大的容许人员密度、人员疏散通道设置的合理性以及最快人员疏散时间等，外界因素、周边环境对车站安全的影响以及车站建筑结构是否符合安全要求。

（5）综合调度指挥中心及地铁行车安全监测保障系统结构建设

地铁运输体系的综合性和复杂性要求对各个子系统进行系统管理和控制。可以说，各子系统实现综合协调运行是实现安全的基础条件。因此，建立综合调度指挥中心是研究安全保障系统的前提。必须建立一个集监测、控制和管理为一体的大型综合系统。

7.2.2.5　城市轨道交通车站客流安全检测与应急管理系统研究技术

围绕为城市轨道交通车站安全应急管理决策提供技术支持的核心目标，设计和研发面向车站管理人员的城市轨道交通车站客流安全检测系统；深入研究建设和实现系统的相关集成技术及关键保障技术，有效实现客流安全问题的实时自动发现、人工确认，以及应急预案启动、预案实施效果实时跟踪及过程控制，以保障城市轨道交通车站安全事件处理的实时高效性，提高城市轨道交通车站安全管理水平。

(1)视频客流交通参数检测技术

利用计算机视觉的方法，在不需要人为干预的情况下，通过对摄像机拍录的图像序列进行自动分析，实现对动态场景中目标的定位、识别和跟踪；并在此基础上分析和判断目标的行为，从而做到既能完成日常管理又能在异常情况发生时及时做出反映。视频检测主要包括目标分割、识别与跟踪等几个过程。通过背景差法提取运动背景，利用模板匹配与边缘检测技术相结合识别运动个体，最终通过对个体的跟踪实现客流交通参数(如行人流量、行人的平均步速和空间平均步速、行人通行密度等)的检测，为安全评价和应急预案响应提供基本信息数据。

(2)安全问题检测与判别技术

安全等级标准的确定是安全问题检测与判别技术的关键，也是系统建立的前提条件。由于行人交通流特性的复杂性，各国对于轨道交通车站安全标准的制定尚无统一规定。本研究从城市轨道交通车站步行空间客流特性出发，在设计客流水平下，制定面向客流安全和实时检测的步行空间分类标准；对于不同类型的步行空间，给出相应的服务水平指标。在此基础上，根据步行空间服务水平与客流安全的对应关系，制定相应的客流安全等级标准，为不同安全等级情况下制定应急预案提供依据。

7.2.2.6 解决服务质量保证对应的关键技术分析与选择

(1)基于预处理、权重确定和评价模型构建的评价指标体系研究

服务质量评价指标体系的建立与方法研究在研究顺序上可以采取预处理技术、权重确定技术和构造综合评价模型，但是根据不同的需求和评价指标体系的要求，这三个过程中又有很多的方法作为支撑。预处理技术中有指标一致化处理技术和无量纲化处理技术，选择其中哪种要根据指标的性质等因素决定。指标权重的确定也有主观赋权法和客观赋权法，当然这两种方法中也综合了诸如层次分析法和专家咨询法、变异系数法、熵信息法和多元统计等技术。构造综合评价模型的技术应用更是广泛，例如模糊综合评价法、综合指数评价法、理想点综合评价法和灰色系统评价法等等，在不同的环境、条件和需求下，可以选择相应的方法去分析，得到最佳的结果。虽然这些方法在现代金融业、保险业、零售业等行业评价体系研究中已经得到应用，但毕竟在城市轨道交通网络化运营的条件下还没有人做过相关的研究分析，所以可以很好地将这些技术在该行业中进行选择和综合应用。

(2)乘客需求和满意度的服务标准和规范的研究技术

①乘客需求分析与满意度指数测评方法

通过对网络化条件下乘客需求和满意度展开调查,并对原始数据进行数据整理,构建合适的模型并运行模型,指数因素分析,选择 CSI 测评技术,最终来完成整个评价。其中在乘客满意度的研究中,会用到客观赋权法,还会采用多元回归分析、主成分回归分析、改进主成分回归分析、偏最小二乘回归等统计分析方法来确定乘客满意度影响因素的重要性。除了这些技术方法外,1992 年,Fornell 采用了创新性方法,即利用结构方程模型的 PLS 建模方法解决了顾客满意度的量化问题,利用该方法构建了瑞典顾客满意度模型。我们可以根据自身行业乘客的满意度状况,选取合适的方法进行满意度指数测评和分析应用,更好地提升服务质量。

②基于质量管理理论的服务质量标准和规范

城市轨道交通作为公共服务,其主要作用是运送乘客,缓解城市交通压力,更好地为城市的建设和发展服务。因此,应该严格贯彻国家标准乃至国际标准,建立服务质量管理体系。该体系的理论基础是质量管理理论,可遵循 ISO 9000 质量管理标准,对服务质量管理进行标准化和规范化,从车站服务专业化管理、设施服务管理等多方面入手,在网络化的平台下,将资源共享的优势体现出来,制定相应的《质量手册》,以此不断完善整个网络化运营服务的质量管理体系。

(3)服务质量设计的技术

该项研究在技术方面的理论已经有较好的基础,对于服务质量模型的研究,较为经典的是北欧著名的芬兰学者 Gronroos 根据认知心理学的基本理论提出的顾客感知服务质量模型,A Para. suraman、Leonard L Berry、Ualarie A Zeithaml 提出的服务质量差距模型以及 Oliver 和 Rust 提出的包括服务产品、服务传递、服务环境在内的服务质量三成分模型等等。此外,日本质量专家水野滋和赤尾洋二提出的 QFD 模型,G. LynnShostack 和 Jane Kingmam BrundageMo 等人将工业设计、决策学、后勤学和计算机图形学等学科的有关技术应用于服务设计方面提出的服务蓝图模型等对于服务质量及其相关研究均提供了重要的思路与方法。

(4)基于人因工程学原理的服务系统的规划与设计技术

虽然服务业的历史久远,但目前为止,还没有一套公认的成形的服务设计方法。和有形产品不同,服务的无形性、共时性和异质性使得服务设计较之产品设计更为复杂。而针对城市轨道交通服务系统的规划与设计主要从其系统特点和系统结构(包括硬件系统设计、信息系统设计、服务人员作业设计以及系统运作设计等)入手,基于人因工程学原理,采用人体测量学方法、Persona 方法、任务分析方法、层次任务分析法(HTA)等研究分析方法,并综合使用服务蓝图工具、乘客效益模型工具进行服务系统设计。

人因工程学是一门按照人的特性设计和改善人－机－环境系统的科学，它从人体解剖学、生理学和心理学的特点出发，研究人和系统之间的相互作用，研究怎样同时提升系统效率、人的健康安全以及舒适。因此，人因学的研究目标有二：一是为了提高工作效率和质量；二是为了提高人们的生活质量，如提高安全性、增加舒适度以及满意度等。在研究方法上，人因工程学的基本方法是对人的能力、限制、特点、行为和动机进行系统研究，并以此为出发点设计和改善工具、机器、系统以及环境，使之符合人的生理心理特点，提高生产率、安全性以及满意度。

在做服务系统设计的过程中要使用多种设计工具来开发和分析服务的理念。服务蓝图工具是用来分析被服务对象在整个过程中的作用，考虑了在服务——被服务过程的不同阶段服务人员与乘客的交互作用；乘客效益模型是用来建立乘客关注的服务要素，分析潜在乘客的满意水平以及服务竞争对手在市场中的收益和利润，也就是我们所说的服务效益或服务产出。

(5)基于系统工程学、经济学、管理学等综合理论的分析评价技术

对于服务中"成本—效益"的分析是一个系统工程，它涉及的专业和知识面十分广泛，可以通过采用检索、查询等多种方法获取信息，并利用系统工程学、经济学、管理学和社会学等理论进行分析，综合相关数学等科学理论进行评价方法的研究，找出模型中的最佳结合点。这项研究技术综合多门学科，有一定深度和广度，必须在研究的过程中采取多元的思考方式和研究手段才能达成。

7.3 地铁安全保障关键技术分析与选择

从上述北京地铁在安全方面的需求出发，在充分调查国内外相关技术的基础上，选择出以下科学、成熟、适用的关键技术。

7.3.1 设施设备安全管理的关键技术

7.3.1.1 防范自然灾害损害地铁建筑的技术

(1)地铁结构抗震分析方法与减震控制研究

结合典型地铁隧道工程，建立预测预报模型，形成地下空间灾害预警系统。描述地下空间与地下水环境条件的 GIS 技术、3D 数字模型、可视化技术的建立及应用，构建灾害风险性评价系统。

建立地铁系统防止地震、塌方事故的灾害预警系统。以城市地理信息系统为平台，以地质三维技术、可视化技术为手段，建立城市地下空间灾害风险评价系统。结合典型地铁隧道工程，建立预测预报模型，形成地下空间灾害预警系统。基于 GIS、遥控技术和传感器集成技术的地下空间灾害实时预测预警系统。

(2)建立地铁防水灾技术安全设计体系

研究城市地下水介质赋存环境与渗流特性,地下水类型及补给渗流特性,孔隙水压力分布特性;地下水引起的地下空间灾害机理研究,典型城市地下水工程脆弱性分区,对地下水引发地下空间城市灾害按照潜在灾害类型及其风险等级分区,供城市规划借鉴;不同区域、不同地下水类型对地下工程建设安全性的分析和评价。对涌水、突水等典型灾害的预测及防护措施研究。

7.3.1.2　防范人为事件损害地铁建筑的技术

(1)调查分析国内外地铁设施受到恐怖袭击的爆炸强度,地铁结构内爆炸冲击波传播规律及抗爆措施

分析爆炸当量强度对地铁结构的影响,研究冲击波对地铁系统设施的破坏形式和后果。研究爆炸后发生火灾对地铁结构的进一步影响。

(2)地下综合交通枢纽火灾模拟与防火安全评价技术研究

分析火灾对地铁结构破坏特性,探索地铁结构围护措施的火灾保护,研究地铁火灾强度与结构破坏程度的关系。对地铁系统采取防护措施减少或者避免火灾对地铁结构造成严重的破坏。

7.3.1.3　设备预知维修模式的综合技术研究

从定期维修模式转变为预知维修模式是现代设备科学管理发展的方向。为减少设备故障,降低设备维修成本,防止生产设备的意外损坏,通过状态监测技术和故障诊断技术,在设备正常运行的情况下,进行设备整体维修和保养。在地铁运营中,通过预知维修,预防事故、降低事故率,使设备在最佳状态下正常地安全运转,是保证地铁安全运营的必要条件,也是降低运营成本的有效途径。

预知维修的发展是和设备管理的信息化、设备状态监测技术、故障诊断技术的发展密切相关的,预知维修需要的大量信息是由设备管理信息系统提供的,通过对设备的状态监测,得到关于地铁关键设备和设备系统的运行工作参数,由专家系统对各种参数进行分析,进而实现对设备的预知维修。

7.3.1.4　设备疲劳损伤在役检测和安全寿命评估技术

地铁中许多大型构件服役过程中,由于环境腐蚀和长期承受交变载荷作用,其内部会发生微结构损伤,导致宏观性能退化、承载能力下降。其破坏过程往往没有明显的宏观裂纹扩展阶段,而是表现为构件工作过程中的突然脆断,具有很强的突然性(如地铁风机叶片曾在工作过程中突然折断)。这类事故一旦发生,往往会影响地铁系统的正常运行,从而造成重大经济损失。

传统的无损检测方法(如磁粉探伤、射线技术)往往只能确定构件中是否已产生宏观裂纹,对于构件由于疲劳损伤而出现的微观损伤,乃至性能退化,往往无法精确测定。因此,需要针对地铁中一些关键设备,研究其长期服役过程中疲劳损伤和性能退化的在役检测方法,对其工作安全寿命和可靠性进行有效评估。

7.3.2 突发事件管理的关键技术

7.3.2.1 应急预案相关的关键技术

(1)建立自上而下的三级安全管理体系

为适应地铁网络化安全管理的需要,由单线管理方式向全局网络综合管理方式的转化势在必行,需要建立从整个地铁运营网络到站区再到车站自上而下的安全管理流程。

(2)车站客运系统的安全评估

在对车站客运系统的安全状况进行全面评估后,可以为制定应急预案奠定坚实的基础,因此,科学地对车站客运系统状况进行评估尤为重要。

车站客运系统的安全评估主要包括以下内容:车站站区情况如站区列车运营调度、站区安全管理情况、工作人员状况分析、行车设备状况、作业过程状况、设备隐患状况、存在问题及整改措施、候车厅的设计和达标(充分考虑人口增长带来的客流压力,遵照有关地铁合格验证的相关条款)、车站事故处理、车站乘客紧急疏散方案等。

(3)应急预案的动态更新

地铁的网络化运营不是一蹴而就的,是一个循序渐进的过程,在不同的阶段,每条线路,每座车站承担的客流量不尽相同。因此应对应急预案进行有效的动态管理,定期进行应急预案的演练和调整,与时俱进,这样才能满足地铁运营网络化过程中的安全需求。

7.3.2.2 统一调度指挥的关键技术

(1)综合调度指挥中心建设

地铁运输体系的综合性和复杂性要求对各个子系统进行系统管理和控制。可以说,各子系统实现综合协调运行是实现安全的基础条件。因此,建立综合调度指挥中心是研究安全保障系统的前提。必须建立一个集监测、控制和管理为一体的大型综合系统。

(2)应急预警体系建设

围绕城市轨道交通预警体系,加强对社会信息的采集,依托并整合各专业部门的业务系统和监测预警系统,制定城市轨道交通危险源的风险评估机制,建立辅助决策信息支持的综合预报预警系统。

7.3.2.3 资源统一调配的关键技术

(1)地铁应急设施的选址技术

选址模型主要包括:覆盖模型、P - 中值(P - median)模型和 P - 中心(P - center)模型。覆盖模型的目的是确定应急设施的位置使得应急需求点在其覆盖范围内,包括 LSCP(The location set covering problem)问题,用以确定最少的覆盖所有应急需求点的应急设施数目和 MCLP(The maximal covering location problem)问题,用以确定在给定应急设施数目的前提下得到最多应急需求点被覆盖。覆盖模型的变形问题还考虑了应急资源配置中的更为复杂的情况,如多种应急资源的选址、交通堵塞和备选覆盖,以及不确定情形下的随机和概率模型等。P－中值模型是根据应急需求点和应急设施之间的平均距离来度量应急设施选址的有效性,其目的是确定 P 个应急设施的位置使得应急需求点和应急设施之间的平均距离最短。P－中值模型的变形问题还考虑了应急需求点和距离或时间的不确定的情况,如随机排队中值模型考虑了应急车辆行走距离或时间的不确定性,最小最大后悔值中值模型则考虑了通过引入后悔值的概念来处理应急需求点和距离或时间的不确定性。P－中值模型主要考虑的是应急系统的平均效率,P－中心模型则考虑的是使应急系统的最差效果最小化,强调的是应急服务的不平等性,其目标是最小化应急需求点和最近应急设施的最大距离。同样地,P－中值模型的变形问题也考虑了应急状况下的各种不确定性。

(2)地铁应急资源的配置与调度技术

应急资源配置与调度问题的研究包括两方面内容:一是灾害发生之前应急准备阶段,资源的合理配置问题;二是在灾害发生中和发生后,应急响应和恢复阶段资源的合理调度问题。目前这方面的研究相对较少,如在应急资源配置问题研究中连续消耗系统和一次性消耗系统中应急资源配置的运输时间最小化问题,在应急资源调度问题研究中的最优路径选择问题、应急车辆的派遣问题和再定位问题等。

地铁系统网络化运输的应急需求可能发生在网络的节点以及节点间的连接上。基于城市轨道交通系统网络化运输的特点,其应急资源配置的问题需要研究整个地铁系统网络中而不仅仅是网络节点上,多灾种情况下多应急资源的设施选址、资源配置、资源调度模型的建立和求解。为达到这一目标,需要研究的问题包括:城市轨道交通系统网络化运输系统的风险及脆弱性分析;各灾种应急资源的需求预测研究;多级应急救援资源的选址、覆盖、配置问题研究;多应急资源调度问题研究。

7.3.2.4 突发事件信息发布的关键技术

(1)各类突发事件的特点及影响

准确研究地铁常见的各类突发事件,在网络化运营条件下的特点和对运营带来的影响,从而更有针对性地对突发事件进行预防与控制。

(2)各类突发事件的传播规律

在地铁运营过程中,一旦发生突发事件,影响不可能只是对事件发生地点产生影响。这种影响会向相邻的线路及车站进行传播。

研究北京地铁事故的传播机制,结合地铁实际应急通报情况和危机传播理论,为北京地铁量身定做,形成系统的适应网络化运营的事故内部应急通报流程。

(3)应对突发事件的信息发布技术

针对北京地铁的特点,研究信息通报机制、网络化通报、应急互动和信息处理等问题。

7.3.2.5 突发灾害情况下的应急处理仿真技术的应用

城市轨道交通运营线路的不断增加,为轨道交通吸引更多的客流,同时乘客在轨道交通车辆、车站等设施、设备中停留的平均时间较以往大幅度提升。一旦发生火灾等突发灾害,所带来的对乘客的人身威胁将大大增加。因此应该针对不同灾害,结合地铁的通风、人流、设备等环境因素,应用仿真技术进行突发灾害情况下的应急处理模拟,改进应急方案,达到保障乘客人身安全的目的。

7.3.2.6 应急救援及人员疏散的关键技术

地铁网络化运营后,人员的安全疏散成为一个非常敏感的问题。为了保证人员能够安全疏散,要求人员疏散时间要短于灾害发展到危险状态的时间。人员疏散时间包括人员的反应时间和人员的运动时间。为了保证火灾时人员能够安全疏散,需要在地铁建筑物内合理设计疏散通道、出口宽度、出口厚度等建筑结构特征,同时考虑人的行走速度、期望速度等人群特征,并寻求二者之间的合理关系,以指导地铁建筑结构的疏散设计和建筑火灾等紧急情况下人员的安全疏散。

(1)基于现场实验数据的计算机模拟方法研究

借鉴国外地铁建筑结构设计和人员行为调查的经验,选取不同类型的地铁车站,在其拥堵或紧急情况的时间段内,进行现场观测、监控数据处理,并在可能的情况下开展现场试验调查,在此基础上收集、整理得到相关的车站建筑结构数据和人员行为数据,并通过计算机模拟技术和真实实验数据进行比对,以达到最优化的建筑结构设计。

(2)基于人员行为分析系统的建筑结构应急疏散设计研究

国外已有相当多的研究表明人员疏散准备时间、拥堵过程的行为变化特征、人员对出口设置、出口宽度、照度倾向选择等方面都能够服从某种概率分布,因此可以采用统计分析拟合的方法对人员行为调查数据进行综合处理,研究出口处人员流量、拥塞群集的变化情况,以合理确定地铁出口的数量和出口结构情况。

(3)基于群体动力学的地铁车站建筑结构设计研究

城市地铁系统是城市公共安全的一个重要环节。在地铁系统中,乘客形成了一个临时性的、缺乏约束力的组织,如何组织全体乘客进行有序地进出车站、上下车活动,并且在发生突发事件时能够及时地疏散人群,显得尤为重要。乘客是一个非常复杂的能量系统，群体内人与人之间存在着相互影响、相互渗透的交互作用，而所谓“群体动力”是来自群体内部的一种“能源”。群体为满足共同的需要在寻求与确定各种准社会的目标，于是便会出现各种能量的汇聚、冲突、平衡与失衡，以及群体行为的趋向和拒斥等现象，这些现象就是群体动力现象，而针对这些群体动力现象开展的实验研究就是“群体动力学”。

人员在地铁车站中的流动主要涉及到车站通道的结构布置、出入口情况、灾害环境、个人身体状况、教育经验四种因素。灾害环境指如火灾烟气浓度、人群拥挤程度等；个人特征主要包括性别、年龄、体力、反应等，个人经历、所受教育、文化传统及生活经验等对逃生也具有一定的影响，考虑到人群的一般特性，同时在人群中个人因素受周围人员的制约，控制人群中人员移动主要反映在人群拥挤程度对移动速度的影响，其中拥挤程度用人员密度来量化，即单位面积上占据的人数、移动速度用单位时间前进距离来量化；此外，对于车站通道、出口等还考虑单位宽度所通过的人数（即人流流量）。通常情况下，人流密度越大，人与人之间的距离越小，人员移动越缓慢；反之密度越小，人员移动越快，过去对于这些参数的研究主要是通过现场观测和录像记录两种手段进行。目前，国外已积累了一定数量的观测数据。

通过建立地铁车站的客流群体动力学实验模型，着重分析聚集人群可能带来的风险，以及突发事件发生时人群骚乱带来的疏散风险，找到客流流量，客流速度、客流密度及通道宽度、出口条件等之间的关系，为有关管理部门的监管、为新线建设及管理、为地铁安全管理的持续改进提供科学依据。

7.4　资源配置及共享机制关键技术分析与选择

从上述北京地铁的资源配置及共享需求出发，在充分调查国内外相关技术的基础上，选择出以下科学、成熟、适用的关键技术。

7.4.1　指挥控制中心的关键技术

（1）共享平台数据安全技术

研究指挥控制中心数据平台的共享、安全、完整、保密和可用性问题。如数据的提取安全技术、数据的存储安全技术、数据的组织安全技术和数据的使用安全技术。

（2）信息源接口与信息标准技术

在网络化运营条件下指挥控制中心每天都要从现场提取大量的信息和数据，必须按一定规则将来源不同、位置不同、类型不同、数量庞大的数据进行处理，同时要考虑新建成线路的数据接入的问题。

7.4.2 车辆段共享的关键技术

(1)车辆段设计标准

目前车辆段的设计按照《地铁设计规范》(GB 50157—2003)的规定来进行设计和建造。在网络化运营条件下,通过制定与网络化运营、资源共享相适应的车辆段设计标准来指导车辆段的建设。在车辆段设计阶段,在保证使用需求的前提下,考虑未来轨道交通的建设和发展,为车辆段留下适当发展空间,尽可能从节约资源,共享资源的角度对车辆段进行设计。

(2)车辆段资源共享评价技术

结合客流预测相关的技术、车辆调配技术、设施设备能力评价技术等相关技术,形成一套适合车辆段能力评价的指标体系。通过对车辆段能力进行全面的评价,评价其资源共享的能力,同时对资源共享的实施方案进行评价,看其是否能够达到节约资源的目的。

(3)参考国外经验

日本采用互通线路的车辆相互使用车辆段的方式完成车辆段的共享。这种共享方式是基于其运营组织方式而形成的。每条线都有自己的车辆段,每条线路的车辆可以在本条线路和与其相连的另一条线路行驶,那么车辆车就可以停在本车所属线路的车辆段或者另一条线路的车辆段。即:线路 1 和线路 2 都有自己的车辆段,线路 1 和线路 2 的车辆可以互通,那么线路 1 的车辆段中既有线路 1 的车辆,也有线路 2 的车辆。同理,线路 2 的车辆段中也会有一部分线路 1 的车辆。

对国外几种车辆段共享方式的比选后,日本的方式比较成熟,技术难度小,实施车辆段共享有较长的历史。但这种方式能否应用于北京地铁,是否符合北京的实际情况值得论证。

7.4.3 供电系统资源共享的关键技术

(1)网络化条件下供电系统设计标准

在网络化条件下供电系统面临新的需求,从而导致目前的设计标准不能适应未来城市轨道交通供电系统发展的需要。因此要确定供电系统新的标准指导建设。换乘站电力的上下支援,压降问题以及载荷问题等应该根据未来建设的需求进行研究。

(2)供电系统资源共享的可靠性分析技术

研究轨道交通供电系统实现资源共享后,能否保证轨道交通系统正常情况下的用电需求,又保证有足够的能力在一个区域的供电出现问题时,其他供电系统能够对其进行有效的支援,从而确保整个供电网络安全可靠地运行。

(3)供电系统仿真技术

运用供电系统仿真技术,对供电系统资源共享状态下,供电网络进行模拟,考察全网电力匹配状况、功率因数等相关技术指标是否能够符合相关技术标准,满足地铁用电需求,保证供电安全;进行供电系统短路试验的仿真,验证供电系统资源共享后直流牵引供电系统短路计算和设备选择的正确性,验证直流开关及保护装置整定值的准确性,验证直流牵引供电系统运行的可靠性和校核测试段牵引直流回路的完整性。

采用仿真技术可以模拟供电系统资源共享后的各种工况,检验供电系统资源共享的可靠性,是一种很有效的技术手段。

7.4.4 维修资源共享的关键技术

(1)大型车辆维修设备共享规划

地铁相关设备维修过程中,由于车辆的大修,架修等需要大型的维修设备。这些设备占地大,资金投入多,应该尽量做到资源的共享。因此应该针对车辆的维修设备共享提出可行的共享规划,为维修资源的共享提供依据。

(2)地铁车辆标准化

地铁车辆应该保证标准化设计(包括技术参数、设备、司机室等),这样可以大大节省维修资源,有利于维修资源的共享。同时,为未来不同线路间司机的相互调配提供设备上的保障。

7.4.5 物流管理的关键技术

(1)信息技术

运用信息技术建立物流管理系统,对企业的物流过程进行管理已经在制造行业、交通运输业、零售百货业等很多行业得到了广泛的应用。

物流管理系统已经形成一整套成熟的功能模块体系。但是在目前,将物流管理思想运用到地铁物流管理的各个环节中的成功案例几乎没有。

(2)库存管理技术

①巴雷特分析法

巴雷特分析法是一种广泛应用于物流管理中的库存管理方法。其方法原理简单易行。主要分辨出少数但是对事物起决定作用的关键因素和多数但是对事物影响较少的次要因素。

应用这种方法最困难的地方在于,如何将地铁众多的库存备品备件进行合理的划分,应该依据什么样的原则进行划分。

②安全库存管理技术

库存水平体现了一家企业物流管理的水平。丰田、沃尔玛等世界级大型企业将安全库存控制在一个很低的水平甚至达到零库存。许多企业在一些基本数学模型的基础上形成了适合自身特点的安全库存管理技术。

对于地铁来说,为了保证城市交通的运营,不能容忍万分之一的缺货现象的发生,因此必须保持各种备品备件一定的库存,但是达到高水平库存管理的案例还是空缺。

③备件“3A”库存控制方法

该方法能全面地考察备件的品种,细致地分类,便于根据具体等级采取有针对性的控制方法。但是在实际应用过程中,由于备件的分类由备件所属设备、部件和零件三个属性来决定,对某个特定的等级,有时很难准确把握其重要程度,采取合适的控制方式,并且种类较多,因此导致分类工作困难。

④ABCD 库存控制法

该方法对备件特性进行充分地研究和分析,利用预修预检对备件消耗进行预测,并以满足客户和市场需求,保证生产不间断为指导思想,针对不同备件类别的特点,分别采取合适的库存控制策略,以达到在保证备件不短缺的前提下,备件库存占用资金最低的库存控制目标。

(3)仓库选址相关技术

主要有覆盖模型、P - 中位模型、P - 中心模型、重心法、多目标规划法、WSMP 选址分析法等。这些方法被广泛地应用于物流业仓库选址中,很多公司的实践证明,运用这些方法并结合本公司业务特点进行仓库选址,收到了很好的效果。但是物流企业与地铁在对仓库的占地面积、存储条件等相关方面有很大的差异,这些方法应用于地铁备品备件仓库的选址规划还没有先例。

7.5 运营管理信息化与数字化关键技术选择

7.5.1 信息共享与交换平台关键技术选择

(1)数据库复制技术

在信息共享与交换平台的服务器上设计一种结构的数据库,将来自北京城市轨道交通各信息系统数据库中的车票信息、客流信息、车辆监控信息、行车信息、轨道信号信息、车站监控信息、温度湿度信息、线路监测信息、控制信息等基础数据信息复制到这个数据库中,并且开发信息搜索引擎,搜索相关数据并送至需要的地方。

信息共享与交换平台的数据库设计可采用 Oracle 数据库,数据库配置完成后,首先将需要在平台上使用的各信息系统数据库的数据复制到此数据库中,自动、定期地从主表更新数据。

(2)制定统一的接口规范

采用规范化统一接口实现信息系统数据交换,即制定接口规范,在此基础上对北京城市轨道交通及其他各信息系统中各数据源的数据库进行相应接口的开发,使北京城市轨道交通中的各系统可在信息共享与交换平台的底层进行安全保密通信。

数据库传来的数据由于其结构的多样性,在格式上必然也存在多样性。规范化统一接口技术实现信息交换要将不同信息系统数据库的数据转换成统一格式的数据,再进行交换,并且可以将交换后的数据转换成相应数据库的数据格式,传回给数据库。

此种设计的数据交换接口分为两层:格式转换层和数据控制层。格式转换层通过服务器的请求来识别数据库类型,然后调用相应的格式转换器,将请求的数据库数据转换为相应的统一数据格式,然后返回给服务器。在格式转换层中将外来数据的表现形式卸下,将需要进入交换系统的数据转为统一数据格式文件,传给数据控制层。交换完毕,从服务器传来统一数据格式文件,传入数据控制层,从数据控制层传出的数据,在格式转换层中根据其相应数据库的特性加上特定的表现形式,然后传给数据库。

7.5.2 建立网络传输系统关键技术选择

(1)OTN 传输技术

OTN 是德国西门子 ATEA 公司开发的面向专网应用的开放式传输网络。它基于 TDM 传输体制,但帧结构是非标准的,具有设备简单、网络可靠、组网灵活、扩容升级方便等优点,广州地铁、天津轻轨通信系统都采用该技术。

(2)SDH 传输技术

SDH 是 20 世纪 90 年代初的产物,基于 TDM 传输原理,有非常成熟的 ITU－T标准和产品。且技术先进,组网灵活,扩容升级方便,网络可靠性强,具有标准的光接口和完全开放的国际传输标准,便于测试和维护。但在轨道交通中仍有缺陷,例如:接口种类单一,仅有 PDH 系列标准接口;传输窄带业务时,需增加接入设备(PCM D/I);无直接的视频和 LAN 接口,需外部增加视频和经太网路由器等;SDH、PCM、视频和以太网需用不同的网络设备进行管理等。虽然 SDH 对于城市轨道有以上缺陷,但由于在公网和铁路通信系统中的成熟应用及良好的业务支持能力,仍在城市轨道交通中得以广泛应用。

(3)RPR 传输技术

弹性分组环 RPR 是一种新型的网络结构技术,在城市轨道交通的应用方面,有较好的发展前景。RPR 技术是主要综合了 SONET/SDH 和以太网的优点而形成的一种基于分组交换的网络技术。RPR 采用缓存器插入环(BIR)为基础的优化的 MAC(介质访问控制层)协议来弥补 SONET/SDH 网络使用效率不高和以太网的服务质量不能保证等缺陷,使网络具备所要求的恢复能力、有保证的服务质量和管理控制功能。RPR 网络拓扑基于两个反方向传输的环,相邻节点通过一对光纤连接,RPR 的内环和外环都作为工作信道来传送简化的 SDH,或者以太网帧格式和 RPR 协议封装的数据帧、控制帧。在网络结构和协议分层中 MAC 和 MAC 控制技术是 RPR 最主要、也是最基本的功能。前者主要内容是数据传输操作控制,而后者主要包括流量控制、业务等级支持(SLA)、拓扑自动识别、保护倒换等功能。

7.5.3 运营组织数字化仿真关键技术

主要包括城市轨道交通网络列车运行图的智能化编制和调整;网络列车运行计划的分层协调模型建立和算法设计;不同运行策略的列车运行速度、时分仿真计算模型的建立和算法设计;列车运行延误的网络传播及预案效果仿真评价技术;车站空间布局模型、地图生成和编辑及行人仿真地图识别技术;乘客在车站运行过程的智能化路径搜索模型的建立和算法设计;行人动力学模型的建立和算法设计;基于列车运行方案的车站客流分布仿真;车站空间布局和客运设备的仿真评价指标体系;列车运输组织与枢纽车站客流组织的协调技术。

7.5.4 环控通风与火灾排烟数字化仿真关键技术

运用国际上比较认可的 SES 软件进行地铁环控通风的仿真。SES(Subway Environmental Simulation)软件是由美国有关部门组织开发的,目前已经升级到第四代,被世界各地的地铁环境控制领域广泛加以应用,也被世界各地的环境控制设计及咨询行业所认可。它可以模拟出地铁隧道内的速度、温度、湿度、风量及空调负荷,还可以研究列车推进,刹车及火灾工况下的通风、空调及排风等各种环境控制系统。其计算结果已经成功应用于世界各地的地铁系统中,如美国纽约地铁、新加坡地铁、香港地铁、广州地铁等。

利用 CFD 模拟研究,模拟出因实验条件限制所无法实现的工况下的通风控制结果,分析火灾时烟气流动规律,包括烟气流速、烟气分层情况、烟气浓度(能见度)、压力场;火灾时的温度分布规律,包括在横、纵断面上的时空分布及在围岩(衬砌)内的传播;火灾生成物的毒性和浓度及其对人的危害和防范;不同火灾荷载对燃烧速度的影响及其对上述各项的影响;火灾时的救援及人员疏散。

8 结论与建议

8.1 结论

目前北京城市轨道交通路网正在加快建设速度，其路网形态逐渐形成，北京的城市轨道交通也正在逐步进入网络化运营时代。网络化运营模式相对于单线运营模式更为复杂，涉及多专业的统一和多部门的协调。城市轨道交通网络化运营主要涉及的内容包括网络化的规划设计和建设服务于运营、运营组织及协调机制、安全保障体系、资源配置及共享、运营管理信息化以及标准规范体系等方面。因此，本项研究针对上述几方面存在的问题进行调查、总结与剖析，通过调查国内外城市轨道交通网络化运营进程和技术的研究，总结北京城市轨道交通网络化运营中正在面临和需要解决的问题，分析北京城市轨道交通网络化运营需要研究的课题项目，依据研究的重要度提出项目时序。通过本项研究为北京城市轨道交通网络化运营提供理论依据和技术支持。

通过本项研究得出以下结论。

(1)城市轨道交通网络化运营体系涉及到车站建设与周边规划、网络化运营组织、安全和服务管理、资源共享基础条件、设备与硬件技术基础、信息化与规范化等，是多部门、多专业的一个大的联动系统。因此在考虑网络化运营需要解决的问题中应该从全局的角度出发，考虑整个系统相互之间的协调配合。

(2)在设计建设过程中，需要达到线网统一规划，一体化设计的目的。需要引入“规划、建设服务于运营”的理念，充分考虑运营部门的意见。运营部门是轨道交通设施设备建成后的使用者和组织者，设计建设中的问题会影响到日后的运营组织与管理。运营部门的意见和建议能够尽早参与到设计和建设中，可以有效地提高运营效率和服务水平。

(3)需要完善轨道交通的协调机制。网络化运营的发展，形成多线路、多客流流向、多运营主体和突发状况下多方协调的统一指挥。在网络化运营中需要建立联合协调机制提高运营组织的效率，并且需要政府在票制票价与企业经营政策之间建立协调关系，使线路之间客流均匀分布，达到安全运营，更好地发挥网络化运营的整体效益与优势。

(4)通过网络化运营系统的整合，实现资源利用共享与集约化使用，从而降低运营成本，实现规模效益，提高整体网络化运营管理水平。

(5)完善北京城市轨道交通网络化运营信息基础设施建设,加强网络化运营的信息标准化体系建设,利用网络、计算机、通信等现代信息技术,通过对信息资源的深度开发、整合利用,对信息资源进行交换共享,提高运营、管理、决策效率和服务水平,从而提高运营效益和竞争力。

(6)在北京城市轨道交通网络化运营发展的进程中,建设、运营、设备、信息都需要完善的标准和规范体系的支撑。通过建立系统、全面、深入的网络化运营规范标准体系,确保网络结构功能体系完备、技术合理、标准统一、业务管理流程合理、安全可靠、运转有序。网络规范标准体系的建立侧重于对实际建设、运营工作的标准化、程序化、制度化控制,侧重于对于现有标准的补充、完善和细化。

8.2 建 议

建议一

在本项研究基础上,对城市轨道交通网络运营这一联动系统,需要进行更加广泛深入的综合性的调查以及共享协调方面的调研,需要"产、学、研"之间更多相关专业的协作配合,需要结合更多国内外可实施的案例,切实地逐年逐步地完成网络化运营的需求研究目标。同时还需要得到相关政策措施和法律法规方面的支持。

建议二

针对本项研究中提出的20个综合项目及3项重大研究任务,最终排列出以下建议实施的初步方案。

具体内容如表8-1"建议北京城市轨道交通网络化运营研究项目实施的初步方案"。

表8-1 建议北京城市轨道交通网络化运营研究项目实施的初步方案

重大研究任务名称	综合项目名称	主要研究内容	目标	实施年限		
				2010	2011	2012
一、北京城市轨道交通网络化运营组织及协调机制的研究	网络化运营条件下行车组织协调及运输能力提高的研究	研究路网行车组织,制定路网运营信息报送、路网列车运营图管理、突发事件应急处置、路网调度相关的规定、办法; 对照分析分线独立运营、共线运营、独立与共线相结合的行车组织方式; 论证部分线路采用共线运营的可行性。	为北京城市轨道交通网络化运营管理工作提供理论基础、研究方法、规章制度和操作办法; 为提高运输能力和服务质量,满足不断增长的客流需求提出理论依据。			

续上表

重大研究任务名称	综合项目名称	主要研究内容	目标	实施年限		
				2010	2011	2012
一、北京城市轨道交通网络化运营组织及协调机制的研究	网络化运营组织条件下客流清分清算及预测的研究	深入研究城市轨道交通网络路径选择； 分析路网客流在网络中各换乘节点的分布特点和规律； 研究基于客流OD进行路网各线路客流随时间和空间分布的分析和计算； 研究换乘站客流的流向与流量、断面客流量的模型和计算方法。	掌握网络客流在网络中各线路、各换乘节点的分布特点和规律； 为制定网络运输方案、研究路网运营协调与突发事件提供重要基础； 为多运营主体间提供公平、公正的票款清算方法。			
	换乘枢纽站客流组织及资源管理整合的示范性研究	研究换乘站设备的合理布局； 研究人群管理理论在换乘站客流组织中的应用； 专题研究换乘站乘客导向标识系统的设计； 专项研究换乘站客流组织仿真技术；	方便乘客，优化换乘站的客流组织方式，提高换乘效率，改善交通换乘衔接，为乘客提供优质服务。 将研究成果应用到选择的典型车站，观察效果，进一步改善。			
	投资、建设与运营之间协调机制的研究	研究城市轨道交通运营部门在城市轨道交通规划、建设决策中的作用； 研究城市轨道交通运营部门在建设阶段如何介入和参与。	建立相应的协调机制，制定相关的政策法规，解决城市轨道交通建设与运营之间的衔接问题。			
	多运营主体管理协调机制的研究	研究政府与运营商、运营商与运营商之家的关系	制定相关的协调政策，促进城市轨道交通行业的有序发展。			
	网络化条件下运营服务设计的研究	改进、完善既有服务； 在服务的内容、方式上努力创新、开发。	改善老线的软、硬件服务跟不上发展，在建线路或已投入运营的新线前期设计、实施不完善的问题； 满足乘客多方位的需求。			

续上表

重大研究任务名称	综合项目名称	主要研究内容	目标	实施年限		
				2010	2011	2012
二、实现北京城市轨道交通网络化运营资源共享及标准规范体系的研究	网络化运营条件下车辆段共享的可行性研究	车辆段资源共享的可行性研究； 车辆段能力设计建设的研究。	从多方面进行评估，使资源共享效果达到最优，实现真正意义上的节约资源； 指导未来北京城市轨道交通车辆段资源共享的实施。			
	网络化供电系统可靠性及设计标准的研究	论证北京城市轨道交通网络化供电的可靠性； 研究供电系统的应急能力； 确定网络化运营条件下供电系统的设计标准； 在有条件交叉供电的网络节点上进行预留集中供电能力的实验。	为2015年后的北京城市轨道交通网络供电系统的资源共享进行探索。			
	维修资源共享及合理调配的研究	研究设备修程、修制； 研究维修资源合理调配，包括维修设备和维修人员。	最大程度上实现资源共享； 通过专业划分及整合，培养和强化维修人员的综合维修能力和水平，培养适合网络化运营的综合维修技术人员。			
	先进的物资管理技术在网络化运营中的应用研究	先进的管理信息系统对物资管理的研究； 研究物资仓储选址和物资存储选址； 研究有效管理物资库存数量。	建立一个统一的信息平台对各专业分公司的物资进行统一管理。			
	网络化运营管理信息化及规范化的研究	信息管理规范性研究 信息共享与交换平台建设的研究 互联互通的网络传输系统的建设等内容	统一规范全网的信息，减少异构现象； 方便各个运营部门之间、运营部门与基层站点之间的信息沟通。			
	突发应急处置及客流组织仿真技术的应用研究	针对不同灾害，结合地铁的通风、人流、设备等环境因素，应用仿真技术进行突发灾害情况下的应急处理模拟，改进应急方案； 选用典型车站，进行实地模拟。	制定应急处置方案，保障乘客人身安全。			
	网络运营及客运组织规则和标准化的研究	研究制定“轨道交通路网的指挥调度规则”、“票务清算规则”等相关标准。	适应实际运营的需要，指导运营。			

续上表

重大研究任务名称	综合项目名称	主要研究内容	目标	实施年限		
				2010	2011	2012
二、实现北京城市轨道交通网络化运营资源共享及标准规范体系的研究	网络化运营安全标准及规范的研究	研究制定“网络运营安全防恐标准体系”、“网络运营综合安全管理体系”等相关标准。	在安全运营方面起指导性作用。			
	网络化运营设备设施选取标准化的研究	研究设备设施的选取和维护标准。	指导未来地铁建设，为新线和既有线相结合的网络化运营创造条件。			
三、影响北京城市轨道交通网络化运营效率和服务水平的规划及建设问题研究	路网规划、设计和建设服务于网络化运营的研究需求	实现网络化运营资源共享和统一规划的研究 配线的设计和建设对网络化运营的影响	构建一个安全、可靠、高效的城市轨道交通网络，把运营功能的需求及早地直接落实到工程建设中，真正实现建设和运营的无缝对接，缩短安装调试和协调阶段的工作时间，避免运营阶段的二次改造，从而降低运营成本，提高运营效率。			
	车站设计和建设对网络化运营影响的研究	车站能力设计对网络化运营的影响 站内设施设备设计对网络化运营的影响 换乘车站衔接方式设计对网络化运营的影响	真正实现建设和运营的无缝对接，缩短安装调试和协调阶段的工作时间，避免运营阶段的二次改造，从而降低运营成本，提高运营效率。			

附录一

北京城市轨道交通网络化运营研究调查与分析报告

1 概 述

1.1 调查背景

北京市根据城市性质、规模、布局以及城市交通现状和交通发展战略,借鉴国际大城市的经验,完成了北京城市轨道交通网络总体规划。规划的北京城市轨道交通网络由19条线路组成,总长约561 km,其中主要服务于城市中心区的线路里程406 km,届时三环以内平均步行1 km即可到达地铁站,昌平、顺义在内的7个周边新城均有轨道交通与中心城区相连。上述轨道交通网络建成后,北京将形成以公共交通为主体、轨道交通为骨干的城市综合交通体系,轨道交通出行占公共交通出行中的49%左右。

目前,北京市轨道交通已有运营线路8条,共200 km。2007~2015年陆续开工建设11条,332 km。到2015年,全市轨道交通运营线路达到19条561 km,将形成"三环、四横、五纵、七放射"线网格局。届时,全市轨道交通运营线路日客运量由目前的186万人次提高到888万人次,轨道交通出行占公共交通出行比例由目前的15%提高到49%,占总出行比例由5%提高到23%。

1.2 调查方法

本次调查采用了直接观察法、问卷调查法、访谈法和座谈法。

1.3 分析方法

分析方法采用了数理统计法、模糊数学综合评价法、对比分析法、动态分析法、聚类分析法。

2 北京地铁资源配置及共享机制现状调查与分析

在调查中,采用访谈调查法,对北京地铁运营公司相关部室进行访问,对资料进行整理汇总。

2.1 北京地铁资源配置及共享机制现状调查与分析

城市轨道交通线路是城市轨道交通网络化的基础,网络化轨道交通是一个功能较完善、品质较高的网络化线路系统。城市轨道交通网络化使不同走向的城市轨道交通线路通过换乘车站联结起来,形成一个规模宏大、功能完善的客运网络空间,并通过空间和设备,使各线路之间实现"串联组合、互联互通、整合共享",即:不仅在纵向上完成线路内部各专业系统的串联组合,还在横向上完成不同线路各专业系统的互联互通与整合共享,形成线路内部不同专业系统之间和不同线路相同专业系统之间的纵横二维平面式结构,实现"线、面"的结合。这种模式有利于线路本身建设,也有利于网络系统建设。

城市轨道交通线路式运营中存在的问题在城市轨道交通网络化运营中也存在。此外,由于城市轨道交通网络形成后产生的运营组织多样化、设备制式多样化,只有通过建立安全、高效、系统的运营管理体系,统筹安排既有资源,统一协调线、网间关系,才能实现线、网运营的有效性、安全性和可靠性,实现网络运营的社会效益和经济效益的最大化。同时,轨道交通网络化运营的实现,使运营管理体系发生重大变化,也使城市轨道交通网络化运营的资源配置及共享问题尤为重要。

2.2 车辆段资源共享现状调查与分析

网络化运营是中国各个城市轨道交通所面临的一个新课题,车辆段资源共享是否能够达到节约总体资源的目标也是一个有待论证的课题。北京的城市轨道交通,修建时间跨度很大,既有建国初期修建的线路,也有近几年修建的线路,同时还在大规模建设新线。车辆段资源共享问题在前期建设时几乎没有考虑,每条线路根据本条线路的用车情况使用本条线路专用的车辆段。

目前北京已经投入使用的车辆段共有9个。如图2-1。

经过一段时间的发展,随着北京城市轨道交通运力的不断提高,相应的每条线路的车辆数也有所增加,有些车辆段已经出现能力饱和的现象。即只能保证本条线路车辆的停放而没有能力接纳新建线路的车辆,与新建的线路共享车辆段。

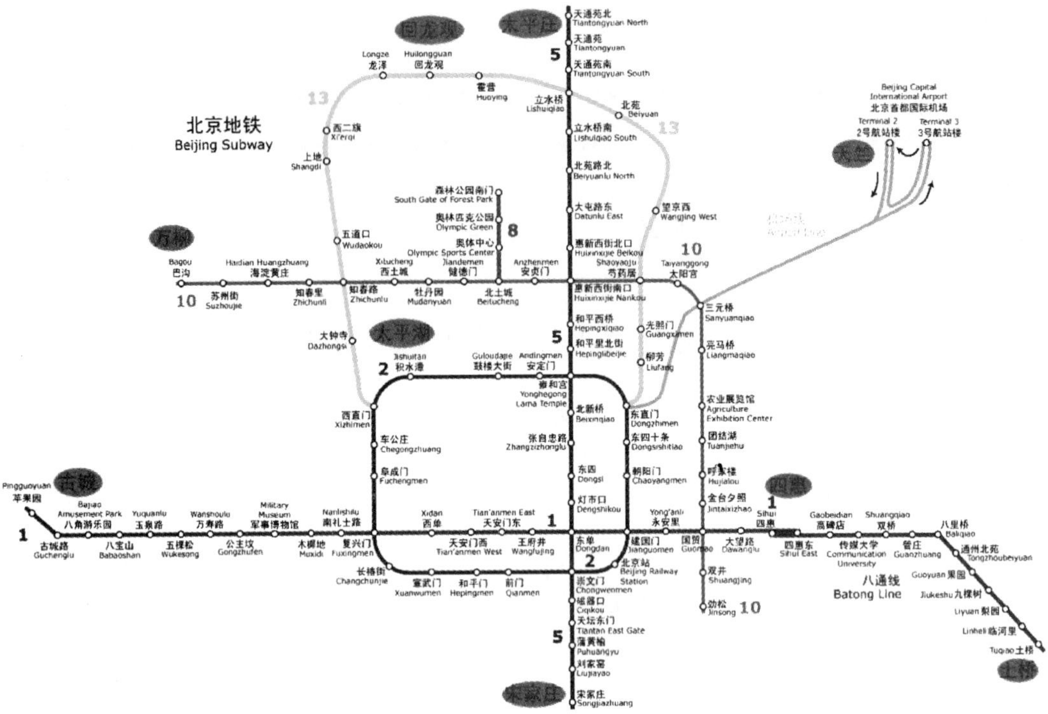

图 2－1　北京城市轨道交通已投入使用车辆段示意图

由于在建设初期没有考虑到资源共享的问题，目前车辆段相关的设备也不能满足共享的要求。例如，目前每条运营线路车辆的信号设备不统一，如果车辆段停放两条运营线路的车辆，会给调车作业带来困难。

2.3　供电系统资源共享现状调查与分析

每一条城市轨道交通线路的配套设施设备会随着城市轨道交通线路一同被修建，因此，北京地铁供电系统也存在着与车辆段类似的问题。

北京地铁采用 10 kV 中压供电。由于北京市的电网规划已经考虑到城市轨道交通的用电问题，为其预留了供电能力。如果考虑网络化集中供电，必将加大主变电站的容量，这样将造成城市电网为城市轨道交通预留资源的浪费，因此，北京城市轨道交通进行网络化集中供电难度很大。而且北京地铁现阶段的设施、设备不具备形成网络化集中供电的条件。

目前每条线路独立使用自己的供电系统，不存在跨线供电的现象。在换乘站存在不同线路上下站厅预留供电接口的设计，可以在换乘站的不同站厅形成相互供电的情况，但这只是在紧急情况下提供临时的供电支持，保证通风，照明等设备的用电需求，不能提供车辆的牵引供电。

现阶段北京正在大力修建轨道交通，特别是城市轨道交通线路。将来会在有条件进行交叉供电的网络节点预留交叉供电的能力，进行试验，为 2015 年后的轨道交通网络供电系统资源共享进行探索。

2.4　维修资源共享现状调查与分析

在车辆维修方面，小修在每条线路的车辆段进行。一些车辆厂和一部分车辆段配有大型的维修设备，可以为相邻线路的车辆提供架修保障。

对于其他专业设备，由于同一专业设备供应厂家众多，各厂家提供的设备之间存在差异，因此在这些设备的维修方面，备品备件有较强的不可替代性，造成维修资源共享程度较低。

2.5　物流管理现状调查与分析

在物流管理方面，北京地铁运营公司还没有建成一个统一的信息平台对各专业分公司的物资进行统一管理。有些专业分公司根据自身实际情况，建立了基于本公司物资管理的信息系统。

北京地铁通号公司通过建设物资管理系统，利用网络实现物资需求的计划申请、审批和分配，加强对计划的考核分析，实现物资的采购、库存、资金等方面的全程监控。

2.6　调查与分析结论

随着北京城市轨道交通网络化建设的迅速推进，网络系统综合统筹与共享已经成为网络化建设过程中的关键问题。通过网络管理体系、网络基础平台、网络互联互通和网络资源整合与共享的建设，建成安全、可靠、高效的轨道交通网络系统，以提升北京轨道交通网络的整体水平。

3　乘客需求和满意度调查与分析

在调查中，主要采用问卷调查，辅以座谈会的形式，展开了对不同背景的城市轨道交通乘客的需求、满意度调查与分析及奥运新开线路的满意度、换乘站乘客体验专项调查与分析研究。

3.1　地铁乘客需求调查

乘客需求调查主要是了解乘客的出行习惯（如每周乘坐次数）、乘车习惯（如是否按线排队）、对地铁服务项目的其他需求（如设立公用电话、地铁服务热线）以及通过统计分析北京地铁乘客基本信息，了解不同乘客群的出行习惯和服务需求。

到达地铁的交通方式：主要是乘坐公共汽车，其次是步行。

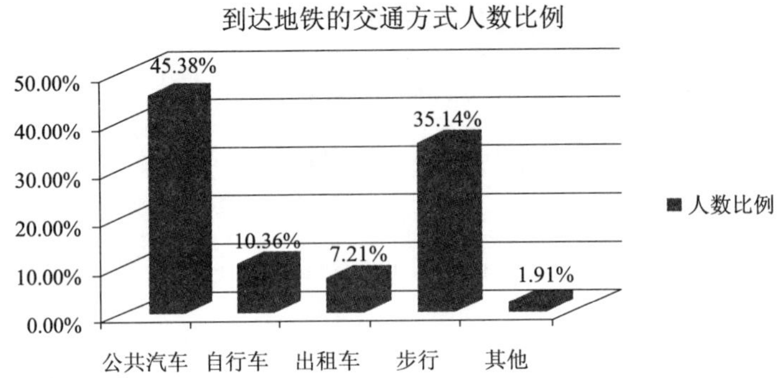

图 3-1

到达地铁花费的时间：在10分钟的人数最多(30.03%)，其次是花费时间大于30 min的人(26.43%)。

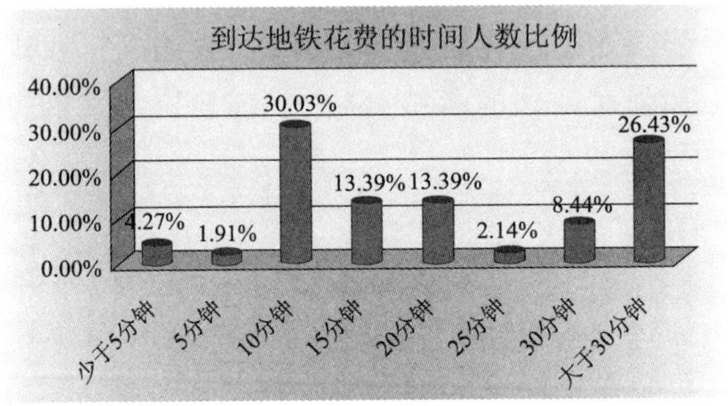

图 3-2

离开地铁的交通方式：主要是步行，其次是公共汽车。

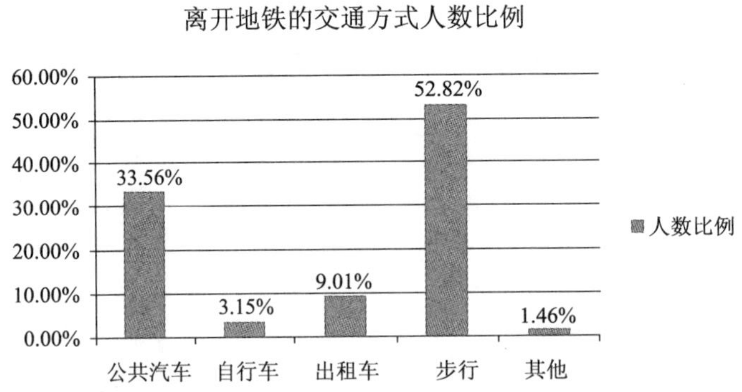

图 3-3

离开地铁花费的时间：在10分钟的人数最多(32.73%)，其次是花费时间大于30 min的人(27.22%)。

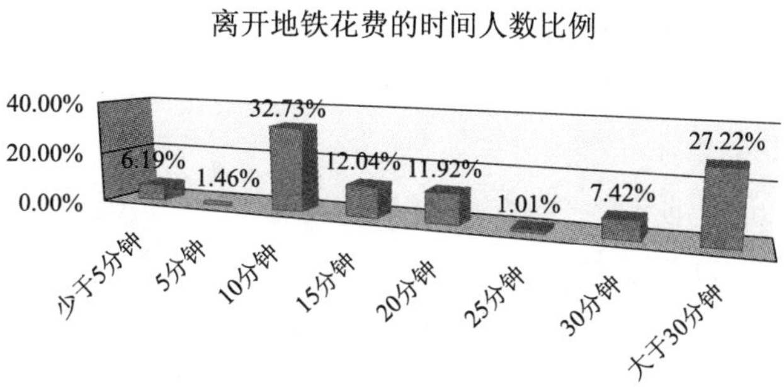

图　3－4

每月交通费用:乘客每月的交通费用在100元的人数最多,达到22.98%,其次是费用在200元的乘客人数,达到17.35%,其他费用数的乘客人数相对比较少。

乘地铁支出:支出在101～120元的人数最少(9.59%),其他支出费用的人数比例没有很大的差别,相对人数最多的为51～80元(22.01%)。

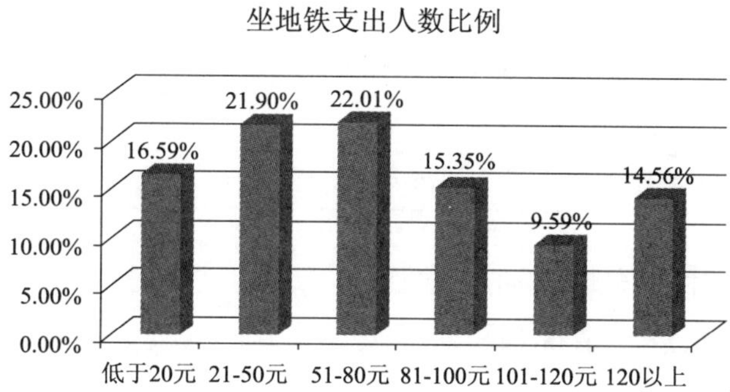

图　3－5

对自动检票看法。

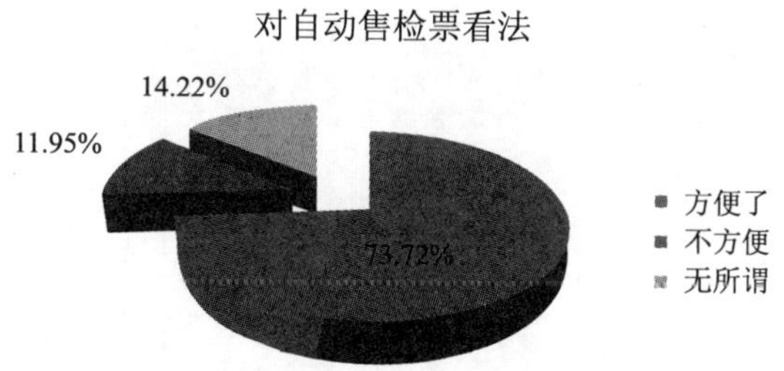

图　3－6

3.2　地铁乘客满意度调查

乘客满意度调查主要是了解乘客对当前地铁服务项目的满意状况,进行乘客对地铁服务的总体评价及对各二级、三级指标服务项目的满意度评价。通过统计分析北京地铁乘客基本信息,了解不同乘客群对地铁服务项目的评价,通过分线统计分析对比不同线路间的满意度差异。

满意度调查共收回有效数据 2 554 份。

3.2.1 乘客聚类分析

通过 K－Means 非阶层聚类方法对 2 554 人进行了聚类分析。结果表明地铁乘客主要可以分为三大类：企业员工类（1 504 人），各种专业人员类（376 人），学生类（609 人）。具体的人群特征见表 3－1。

表 3－1 乘客背景聚类分析结果

分类 / 项目	三类人群		
	1	2	3
常住人口	常住	常住	常住
年龄	21～30，31～40	31～40，41～50	<20，21～30
学历	大专/本科	大专/本科	高中/中专，大专/本科
职业	企业员工	各种专业人员	学生
月收入	2 000～4 000 元	2 000～4 000 元	无收入
支出来源	完全自费	完全自费	完全自费
人数	1504	376	609

3.2.2 乘客对地铁服务的满意度

（1）服务设施满意度情况（图 3－7）

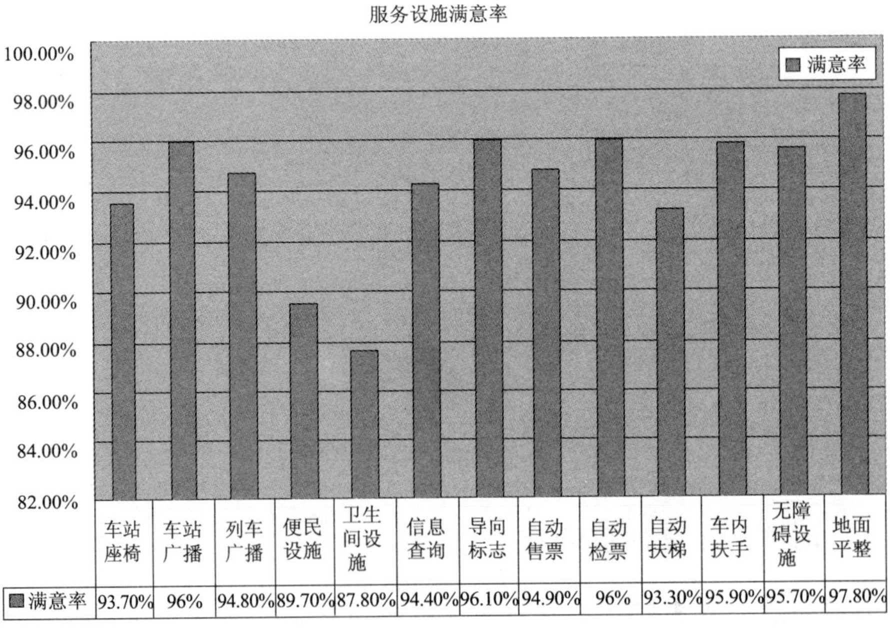

图 3－7

(2)列车运行满意度情况(图 3 - 8)

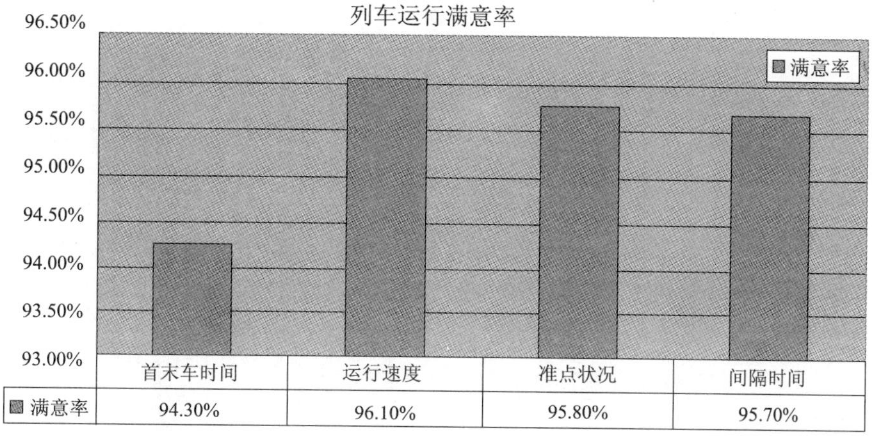

图　3 - 8

(3)安全保障满意度情况(图 3 - 9)

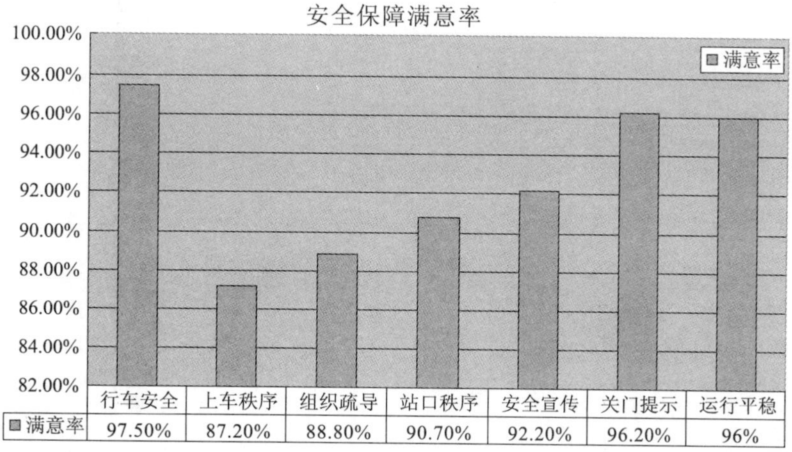

图　3 - 9

(4)应急服务满意度情况(图 3 - 10)

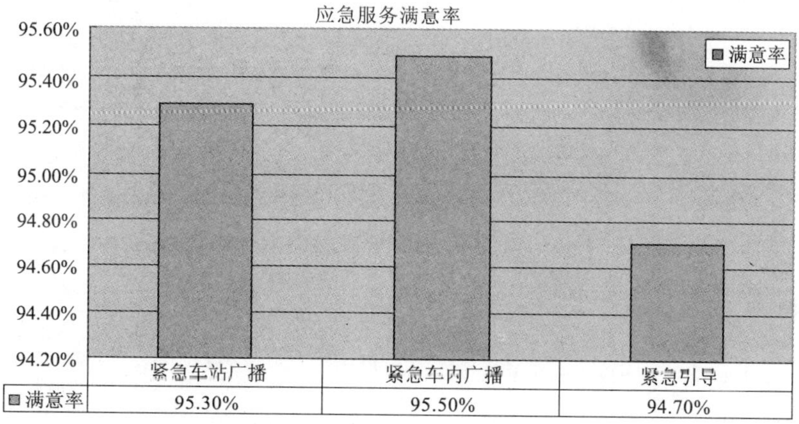

图　3 - 10

（5）车站环境满意度情况（图 3－11）

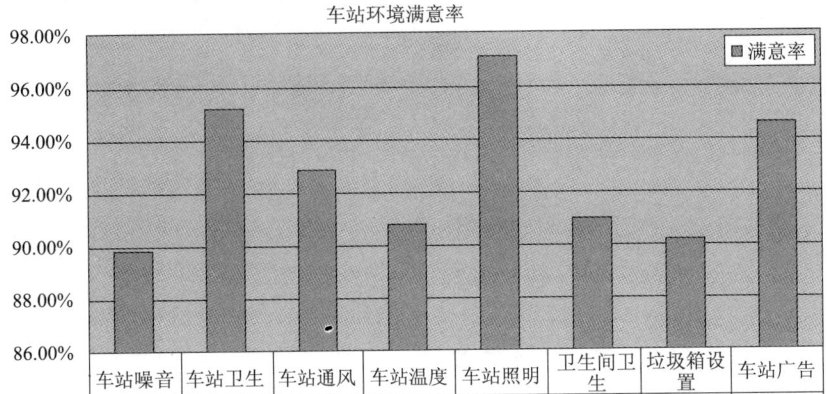

	车站噪音	车站卫生	车站通风	车站温度	车站照明	卫生间卫生	垃圾箱设置	车站广告
■满意率	89.90%	95.30%	92.90%	90.90%	97.20%	91.10%	90.20%	94.50%

图 3－11

（6）车厢环境满意度情况（图 3－12）

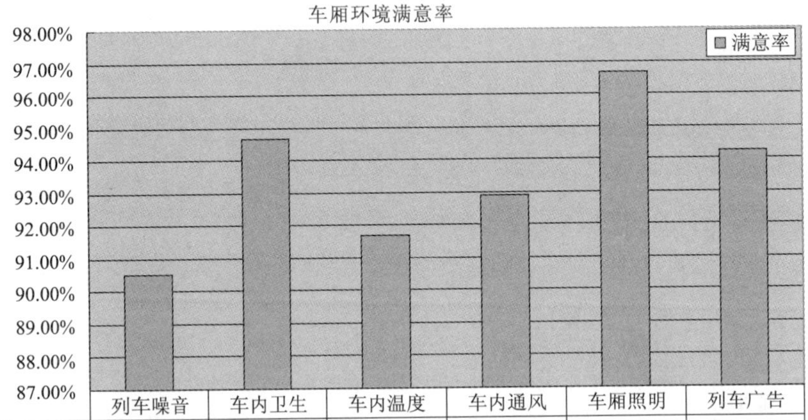

	列车噪音	车内卫生	车内温度	车内通风	车厢照明	列车广告
■满意率	90.50%	94.70%	91.70%	92.90%	96.70%	94.20%

图 3－12

（7）人员服务满意度情况（图 3－13）

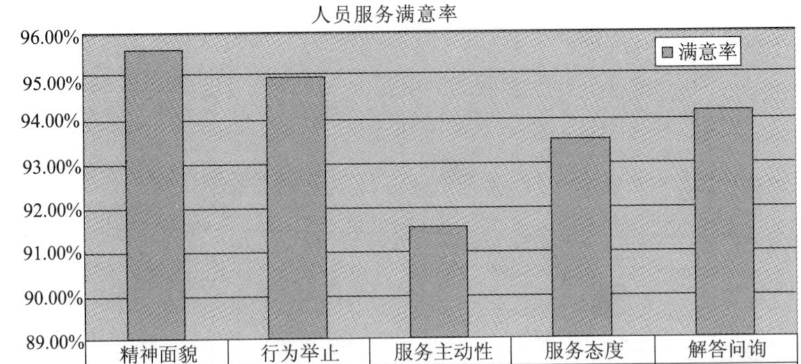

	精神面貌	行为举止	服务主动性	服务态度	解答问询
■满意率	95.40%	94.80%	91.50%	93.30%	94%

图 3－13

(8)换乘满意度情况(图 3-14)

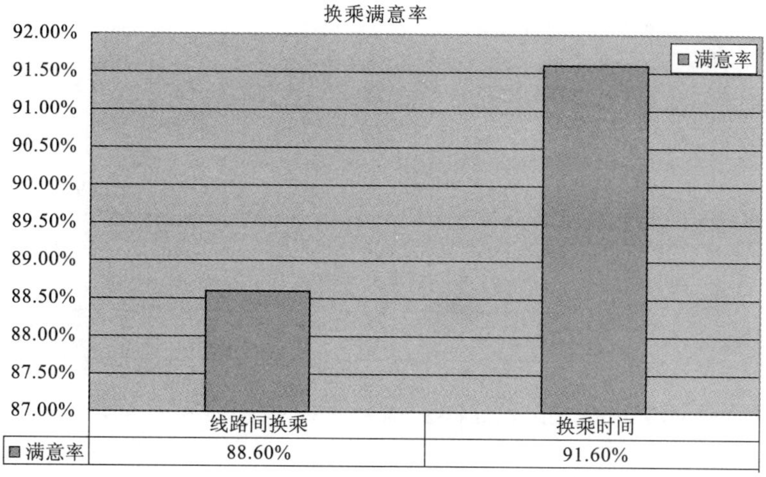

图 3-14

3.2.3 乘客认为需要改进的项目

(1)各条地铁线待改进的项目

根据全路网(除 8、10 号线)各项三级指标满意度指数按照由高到低进行排序,针对各条地铁线路待改进的项目得出以下分析结果:

各条地铁线路中,卫生间设施是最需要改进的项目,满意度指数平均值最低(72.67);

各条地铁线路相比,一号线的满意度指数的平均分值最低(72.13),但也达到了良好的水平(满意度指数 >70)。

(2)各条线路待改进项目的满意度指数排序表(表 3-2)。

表 3-2 各条线待改进项目满意度指数排序表

线路	项目									
	1	2	3	4	5	6	7	8	9	10
1 号线	垃圾箱设置	卫生间设施	上车秩序	列车噪音	车站噪音	卫生间卫生	组织疏导	便民设施	站口秩序	线路间换乘
	70.61	70.76	71.02	71.2	71.94	72.01	72.16	73.16	74.04	74.38
2 号线	上车秩序	卫生间设施	列车噪音	车站噪音	便民设施	垃圾箱设置	组织疏导	卫生间卫生	站口秩序	线路间换乘
	71.48	71.98	73.31	73.49	74.3	74.3	74.43	75.51	76.34	77.75
5 号线	组织疏导	上车秩序	便民设施	线路间换乘	站口秩序	列车噪音	卫生间设施	车站噪音	垃圾箱设置	卫生间卫生
	74.93	75.47	75.76	77	77.42	77.8	77.92	78.32	78.86	80.69

续上表

线路	项目									
	1	2	3	4	5	6	7	8	9	10
八通线	卫生间设施	便民设施	垃圾箱设置	上车秩序	组织疏导	卫生间卫生	车站噪音	列车噪音	站口秩序	线路间换乘
	70.49	72.85	74.02	74.43	74.88	75.12	75.43	75.89	76.71	76.87
13 号线	卫生间设施	便民设施	垃圾箱设置	线路间换乘	上车秩序	组织疏导	列车噪音	车站噪音	卫生间卫生	站口秩序
	72.2	72.82	72.85	72.9	73.95	74.46	74.5	74.52	74.72	75.66

(3)单项评分在 75 分以下的服务项目(表 3 -3)。

表 3 -3 单项评分在 75 分以下的项目

项目	2008 年满意度测评指数	项目	2007 年满意度测评指数
—	—	车内温度	71.2
卫生间设施	72.6	卫生间设施	72.55
—	—	卫生间卫生	72.55
上车秩序	73.2	上车秩序	72.87
列车噪音	74.4	列车噪音	73.23
—	—	车站温度	73.65
组织疏导	74.2	组织疏导	73.69
车站噪音	74.6	车站噪音	73.84
便民设施	73.8	便民设施	73.94
—	—	车站通风	74.56
—	—	站口秩序	74.58
—	—	车内通风	74.7
垃圾箱设置	74	垃圾箱设置	74.75

2008 年服务项目单项在 75 分以下,70 分以上的项目依次是:卫生间设施、上车秩序、列车噪音、组织疏导、车站噪音、便民设施、垃圾箱设置。其中与 2007 年吻合的项目有:卫生间设施、上车秩序、列车噪音、组织疏导、车站噪音、便民设施、垃圾箱设置,这些服务项目是乘客认为最需改进的项目,对满意度指数的整体评价产生了较大的影响。

3.2.4 乘客对地铁服务质量满意度测评小结

(1)各二级指标满意率在 90% 以上的项目分别为:服务设施、列车运行、安全保障、应急服务、车站环境、车厢环境和人员服务,在 90% 以下的项目只有一项为换乘。

(2)乘客对服务人员的满意率达到93.80%，与2007年(96.43%)相比，下降了2.63%，其中服务主动性下降了3.4%，服务态度下降了2.9%。

(3)三级指标排在前五位的项目依次是地面平整、行车安全、车站照明、车厢照明、关门提示；满意度三级指标排在后五位的项目依次是便民设施、组织疏导、线路间换乘、卫生间设施、上车秩序。

(4)各条地铁线总体满意率(一级指标)由高到低排序依次为五号线(95.68%)、二号线(94.5%)、十三号线(93.59%)、八通线(93.38%)、一号线(91.08%)。

(5)五号线在二级指标和三级指标都是较高的，一号线和十三号线的三级指标中，有很多项目都比去年有所下降，值得注意。

3.3　北京地铁10号线、奥运支线满意度调查

10号线、奥运支线的满意度调查，是针对奥运期间开通的除机场线以外的两条线路进行的满意度调查，意在了解乘客对新线的满意程度，为今后在新线提供更好的服务打下坚实的基础。

3.3.1　乘客聚类分析

通过K－Means非阶层聚类方法对1012人进行了聚类分析。结果表明地铁乘客主要可以分为三大类：企业员工类(678人)，各种专业人员类(194人)，学生类(140人)。具体的人群特征见下表。

表3－4　乘客背景聚类分析结果

	三类人群		
	1	2	3
常住人口	常住	常住	常住
年龄	21－30，31－40	31－40，41－50	<20，21－30
学历	大专/本科	大专/本科	高中/中专，大专/本科
职业	企业员工	各种专业人员	学生
月收入	2000－4000元	2000－4000元	无收入
支出来源	完全自费	完全自费	完全自费
人数	678	194	140

3.3.2　乘客满意度基本分析

(1)二级指标满意度情况

本次调查中，8、10号线二级指标满意率全部都在95%以上，与其他线相比，情况是最好的，其中，列车运行的满意率达到了98.15%。满意率最低的三项分别为：服务设施(96.66%)、安全保障(96.37%)、换乘(95.06%)。

人员服务的满意率为97.85%，与今年其他线相比，此项指标是最高的，这与8、10号线为奥运会期间运送观看奥运旅客的重点线路有关。

表 3－5　二级指标满意度情况

二级指标	满意度指数	满意率%	二级指标	满意度指数	满意率%
服务设施	85.12	96.66	车站环境	84.82	97.42
列车运行	86.93	98.15	车厢环境	84.52	97.64
安全保障	84.79	96.37	人员服务	85.64	97.85
应急服务	84.52	97.83	换乘	83.1	95.06

（2）三级指标满意度情况

本次调查中，8、10 号线三级指标满意率在 95% 以上的项目为 41 项，在 90% ~95% 的项目为 7 项，没有项目低于 90%，其中满意率最低的三项分别为卫生间设施（93.58%）、上车秩序（93.08%）、便民设施（92.69%）。

表 3－6　三级指标满意度情况

项目序号	项目	满意度指数	满意率%	项目序号	项目	满意度指数	满意率%
1	车站座椅	84.07	94.76	25	紧急车站广播	84.82	97.73
2	车站广播	85.04	97.23	26	紧急车内广播	84.74	97.92
3	列车广播	85.38	97.73	27	紧急引导	84	97.83
4	便民设施	79.19	92.69	28	车站噪音	83.05	96.44
5	卫生间设施	81.01	93.58	29	车站卫生	87.27	98.02
6	信息查询	85.43	97.63	30	车站通风	87.21	98.02
7	导向标志	86.46	96.74	31	车站温度	85.3	98.32
8	自动售票	86.8	97.92	32	车站照明	87.73	98.81
9	自动检票	83.1	94.96	33	卫生间卫生	83.87	96.64
10	自动扶梯	88.26	98.32	34	垃圾箱设置	81.03	94.66
11	车内扶手	86.58	98.22	35	车站广告	83.08	98.42
12	无障碍设施	86.28	97.83	36	列车噪音	82.71	97.73
13	地面平整	88.93	98.91	37	车内卫生	85.97	98.12
14	首末车时间	86.34	97.33	38	车内温度	84.41	97.04
15	运行速度	88.52	98.62	39	车内通风	83.7	96.74
16	准点状况	87.19	98.62	40	车厢照明	86.74	98.72
17	间隔时间	85.65	98.02	41	列车广告	83.6	97.53
18	行车安全	89.01	98.22	42	精神面貌	86.17	97.92
19	上车秩序	81.05	93.08	43	行为举止	85.75	98.22
20	组织疏导	81.94	95.36	44	服务主动性	84.33	97.43
21	站口秩序	83.34	95.55	45	服务态度	85.63	97.73
22	安全宣传	82.85	95.55	46	解答问询	86.34	97.92
23	关门提示	88.06	98.72	47	线路间换乘	82.69	94.47
24	运行平稳	87.27	98.12	48	换乘时间	83.52	95.65

（3）投诉处理满意度情况

由于有过投诉经历的乘客只有 20 名,样本较小,其满意度分开统计如表 3－7。对于投诉处理这一二级指标,平均满意度为 82.2,平均满意率为 97% 。

表 3－7　投诉处理满意度情况

二级指标	一级指标	非常满意%	比较满意%	一般满意%	不太满意%	非常不满%	平均得分	满意度指数	满意率%
投诉	态度语言	40	40	15	5	0	4.15	83	95
	接听及时	40	40	20	0	0	4.2	84	100
	语气音量	45	30	25	0	0	4.05	81	100
	处理速度	50	10	35	5	0	4.05	81	95
	处理结果	50	20	25	0	5	4.1	82	95

3.4　总结及建议

3.4.1　满意度结论和建议

(1)满意度结论

满意度调查共收回有效数据 2 554 份,其中男性 1 266 人,女性 1 288 人。乘坐地铁大部分为北京常住人口(居住时间在半年以上),有 2 261 人,另外 293 人为非常住人口。被调查乘客的年龄范围覆盖了从 20 岁以下到 60 岁以上的人群,其中最多集中在 21－50 岁的年龄范围内。乘客的学历分布初中及以下有 106 人,高中/中专有 561 人,大专/本科有 1 712 人,硕士/博士有 138 人。乘坐地铁的主要人群职业比例较大的有企业员工、自由职业和学生三类,离退休人员也有相当的比例。月收入集中在 800－6 000 以及无收入的人群。其中无收入人员有 536 人,小于 800 元的人有 69 人,800－2 000 元的人有 545 人,2 000－4 000元的人有 808 人,4 000－6 000 元的人有 347 人,6 000－8 000 元的人有 145 人,大于 8 000 元的人有 94 人。有 86.5% 的人乘坐地铁是属于自费的,仅有少部分人有单位部分或全部报销。

对地铁所有服务总满意度的均值为 84.52,比 2007 年(81.18)有所提高。

各二级指标满意率在 90% 以上的项目分别为:服务设施、列车运行、安全保障、应急服务、车站环境、车厢环境和人员服务,在 90% 以下的项目只有一项为换乘。

乘客对服务人员的满意率达到 93.80% ,与 2007 年(96.43%)相比,下降了 2.63% ,其中服务主动性下降了 3.4% ,服务态度下降了 2.9% 。

各三级指标排在前五位的项目依次是地面平整、行车安全、车站照明、车厢照明、关门提示;满意度三级指标排在后五位的项目依次是便民设施、组织疏导、线路间换乘、卫生间设施、上车秩序。

各条地铁线总体满意率(一级指标)由高到低排序依次为五号线(95.68%)、二号线(94.5%)、十三号线(93.59%)、八通线(93.38%)、一号线

(91.08%)。

五号线的二级指标和三级指标与其他线路相比是比较高的,这与五号线是新线有一定的关系。一号线和十三号线的三级指标中,有很多项都比去年有所下降,究其原因,可能是奥运期间,乘客数量明显增多,乘客对于车厢的拥挤程度和温度有不满的情绪。

(2)满意度分析后的建议

建议对2-3年满意度指标评价没有太多变化的项目不必再频繁地调查。对今后具体调查内容和方案的实施,应做出具有特点的、能够更详细地了解乘客的需求和满意度差异的原因的计划后再确定调查任务。

3.4.2 乘客需求的结论

乘客如果遇到特殊或紧急情况,42.95%的乘客会采取按动紧急按钮的方式通知工作人员,23.22%的乘客会选择拨打服务热线来获得帮助,32.92%的乘客会选择到站后与工作人员取得联系。

在列车遇到故障时,50.84%的乘客最希望得到的服务是迅速恢复通车,43.08%的乘客希望尽快告知原因,要求退票的乘客占到5.96%。

地铁乘客最希望得到的方便服务依次是:无线上网(29.55%)、ATM取款机(25.62%)、自动售货机(17.13%)、报刊销售(14.71%)、公用电话(13.00%)。

在服务热线方面,19.80%的乘客希望是全人工服务,73.12%的乘客希望是人工服务+语音自助服务。

在短信服务方面,54.99%的乘客希望开通此项服务,17.11%的乘客不希望开通,还有一部分乘客认为无所谓。

自动售票机投入使用以来,47.58%的乘客通过自动售票机购买车票,30.37%的乘客通过人工售票购买车票。

3.4.3 满意度与需求相关性的几点建议

(1)满意度与需求调查相关性的建议

乘客满意度代表着乘客对地铁各项软、硬件服务质量的主观评价,满意度的指数能有效指导服务行业改进不足、发扬优势,更好地为乘客服务,提升乘客体验的快乐感和舒适感。然而,需求是从另一个侧面反映出乘客对服务的要求,在一定程度上间接体现了乘客对一些服务指标的满意度情况,例如,非常满意的指标,乘客可能暂时的需求不会很强烈;而不满意的指标乘客可能存在十分强烈和迫切的需求。所以,根据往年的调查实施状况,针对其中存在的一些不足,做如下建议:

问卷设计实施过程中,将需求问卷和满意度问卷设计在时间上分隔开,先进行需求问卷设计;

调查实施过程最好将需求和满意度调查分开进行,用需求调查的结果结合满意度的指标体系进行其问卷设计。

(2)两者综合分析的指导意义

乘客需求调查和满意度调查在理论上是不可分割的两个部分,存在着一定的因果关系,充分利用好两者的优势,对未来的工作又很好的指导意义:

需求问卷的分析结果能有效指导满意度的问卷的设计;

在一定程度上能使整个满意度调查的过程得到简化,问卷内容得到精炼,体现最关键的信息点;

通过对需求和满意度指数的综合分析,能指导将来的地铁服务(例如,针对需求度高而满意度却很低的指标,必将是需要进一步改进和提高的指标);

总体上能提升满意度调查的效率和质量。

4 北京地铁换乘站乘客体验调查

在本项研究中,对东单换乘站进行了乘客体验调查。目的是了解乘客对本站换乘以及在本站乘车的感受,并从多方面了解换乘站中客流组织服务后的效果。

本项调查以问卷形式现场填写。调查对象是在东单站乘坐北京地铁的乘客。本次调查在东单站的1号线和5号线同时进行,共填写问卷400份,其中1号线、5号线各200份,共收回有效问卷303份。

4.1 乘客基本信息统计

性别分布:在被调查乘客中,男性占54.46%,女性占45.54%。

年龄分布:被调查乘客的年龄范围是从20岁以下的青少年到60岁以上的老年乘客,其中20~30岁的青年乘客所占比例最大,是乘坐地铁的主要人群,其次是30~40岁乘客。

职业分布:乘客中企业员工为主要群体,占总人数的46.53%,其次是学生占14.85%。

出行目的分布:上/下班的乘客所占比例为56.77%,明显高于其他乘客群,其次是外出购物的乘客,如图4-1。

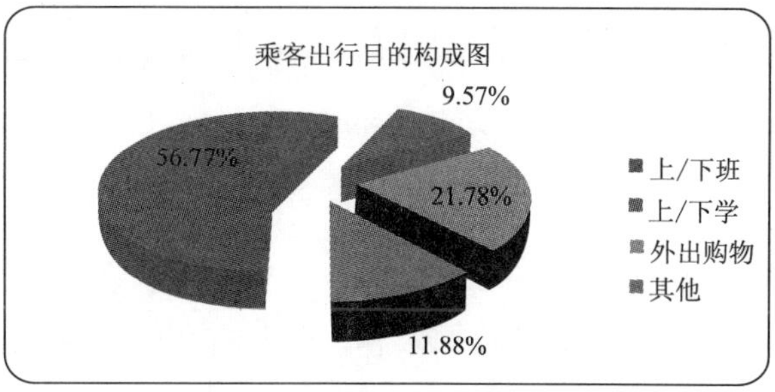

图 4-1

4.2 乘客乘车体验调查及分析

调查中要求乘客对东单站乘车体验的各个方面打分，分数分为7个等级，其中4为适中。本节将对不同背景的乘客分别进行统计、分析，得出各乘客群体对东单站换乘的不同感受程度。

(1)乘客选择东单站换乘的原因

东单站换乘距离最短、省时间是主要原因的比例最大，占到总人数的70.30%，其次是全程距离最短和环境舒适，这说明乘客在选择换乘站的时候比较关注换乘距离和时间消耗。从乘客的感受中，可以看出大多数乘客尽管在较长的通道中换乘但总体感觉还是乐于接受，感觉乘坐地铁相比路面公交，还是省时间和舒适。

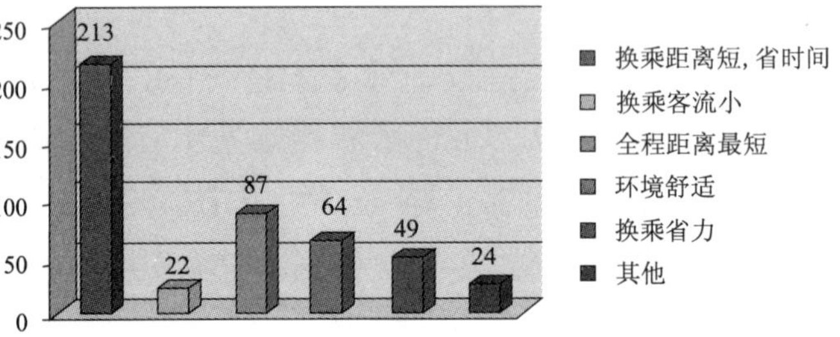

图4-2 乘客选择东单站换乘的原因分布

(2)乘客对换乘距离的感受

20~30岁、30~40岁的乘客为主要乘车群体，在他们中分别有42.69%和46.05%的乘客认为东单站换乘距离比较适中，另有46.78%和47.37%的乘客认为换乘距离比较长。其中年龄40~50岁以上的乘客感觉换乘距离长。

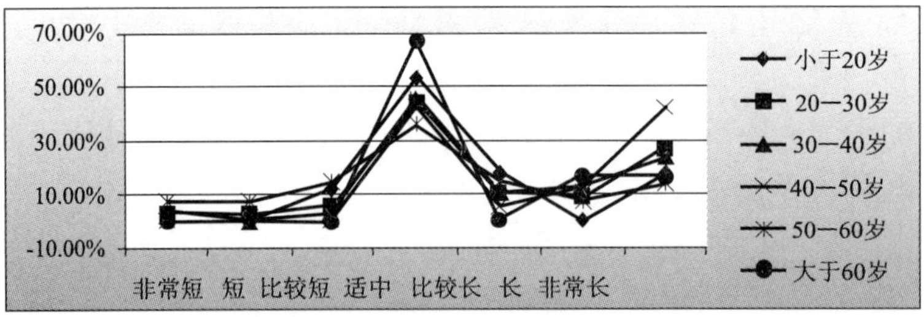

图 4-3

(3)站内温度

■ 1号线

东单站1号线共收回有效问卷126份，其中有27.78%的乘客认为该站温度比较适中，另有42.86%的乘客认为该站偏冷，他们大多是上班族。

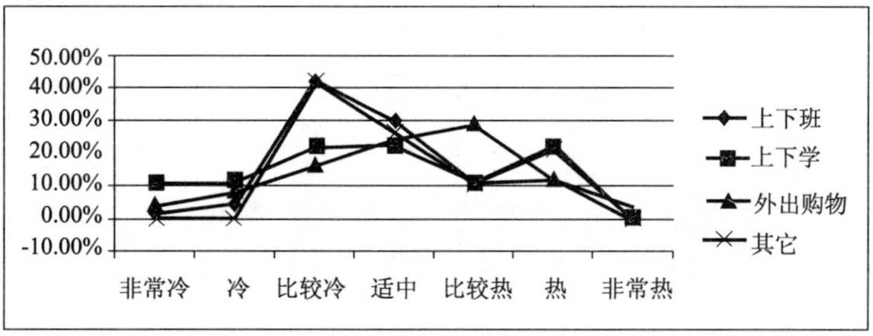

图　4-4

■　5 号线

东单站 5 号线共收回有效问卷 177 份，其中 29.94% 的乘客认为该站温度比较适中，另有 61.58% 的乘客认为该站比较热，他们大多是上班族和学生。

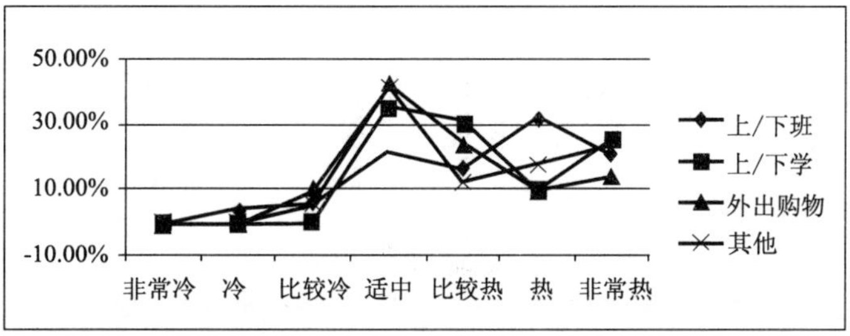

图　4-5

(4)获取信息的途径

当车站限制客流进站或采取封站措施，需要向乘客提供相关信息时，车站广播是乘客获取信息的主要途径，占调查总人数的绝对优势。除此之外为了照顾特殊乘客群，电子信息指示牌也是向乘客提供相关信息的主要途径之一。

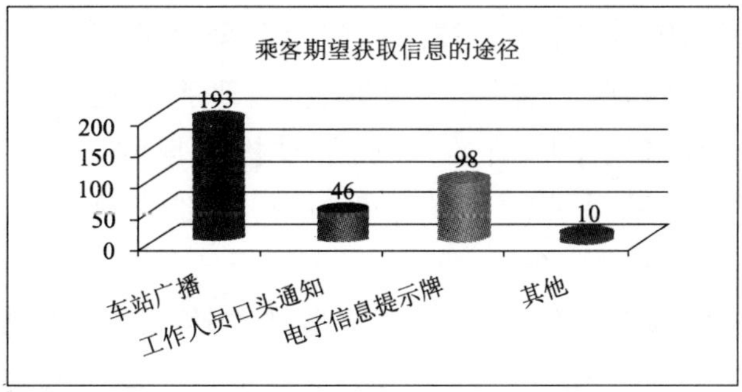

图　4-6

(5)经常发生拥堵的区域

乘客认为本站的换乘通道、出入口通道、电梯，比较其他区域容易发生拥堵。

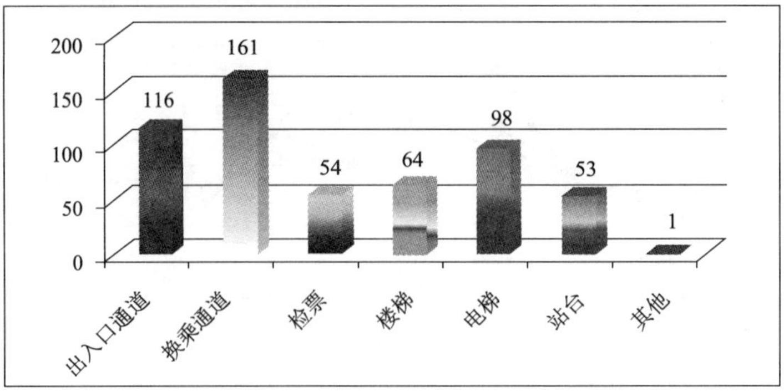

图 4-7

4.3 乘客的其他建议

(1)希望5号线缩短候车时间,尤其是高峰时间;

(2)希望电梯常开,在高峰时段为了安全而关闭电梯,建议告知乘客原因和开启、关闭电梯的时间;

(3)缩短换乘距离。

5 北京地铁运营管理信息化现状调查与分析

5.1 运营管理信息化现状调查

北京地铁信息化建设已经建成了大量的信息系统,例如:列车自动控制系统ATC、电力监控系统SCADA、自动售票AFC、运营管理与服务BOM、工程项目管理PM、财务管理FM、人力资源管理HR、办公自动化OA等。但是,由于系统建设和实施数据管理系统的阶段性、技术性以及其他经济和人为等因素影响,导致大量数据采用不同存储方式,包括采用的数据管理系统也大不相同,从简单的文件数据库到复杂的网络数据库,它们形成了异构数据源。由于各信息系统相互独立,这些信息资源普遍是分散和异构的,是与局部范围信息化应用相适应的,这就是所谓的“信息孤岛”现象。

这些分散的不同业务的数据管理系统虽然能够满足业务数据存储和管理要求,但在许多情况下,为了做出一个决策,可能需要访问分布在网络不同位置上的多个业务数据管理系统中的数据,这就阻碍了信息系统在城市轨道交通系统中发挥出更大的作用,因此需要对信息进行立体化、全方位的管理。

5.2 调查与分析结论

目前,北京地铁已经投入使用的运营管理数字化系统建设和实施阶段不同,在建设时对信息共享考虑较少,各信息系统相互独立,这些信息资源普遍是分散和异构的,缺少一个综合的信息平台,对各个系统大量的数据资源进行整合,不利于信息的综合管理。

6 结束语

通过对北京地铁全面和深入的调查,发现其中存在的问题;利用数理统计、模糊数学综合评价法、对比分析法、动态分析法、聚类分析法等评价方法,发现深层次的问题;以提高地铁运营水平为目标,提出解决方案和研究方向,为需求分析奠定了基础。

附录二

北京城市轨道交通网络化运营研究考察报告

1 考察的主要内容

(1)参观东京地下铁株式会社综合指挥所;

(2)参观东京地下铁博物馆,体验博物馆的互动展品;

(3)试乘和体验日本东京地下铁公司的各条地铁线路和其他轨道交通线路:13 号南北线、半藏门线、银座线、丸之内线、日比谷线、东西线、千代田线、有乐町线、JR 线、M/R 线、江之電线、新干线、京成超快列车和京急线;还有都营地铁线路中的浅草线、三田线、新宿线和大江户线;

(4)实地考察副都心线中的池袋和涉谷换乘站;

(5)参观考察札幌胶轮的中央导轨地铁系统。

2 考察的主要成果

2.1 东京地铁公司

东京地铁现有 13 条路线,分别由东京地铁和东京都交通局(又称都营地下铁)两家公司负责营运。

其中东京地铁管辖 9 条线路:银座线、丸之内线、日比谷线、东西线、千代田线、有乐町线、半藏门线、南北线、副都心线。共 195.1 km,车站 179 座,日运送 636 万人,保有列车数近 2 700 辆,列车平日走行约 10 万 km,开行列车 5 600 列,休息日约8 万 km,开行列车 4 400 列,列车编组为 6 ~ 10 节,早高峰运行最小间隔时间是丸之内线 1 min 50 s,早高峰最长间隔时间是南北线 3 min 45 s,一天运送旅客约 626 万人。

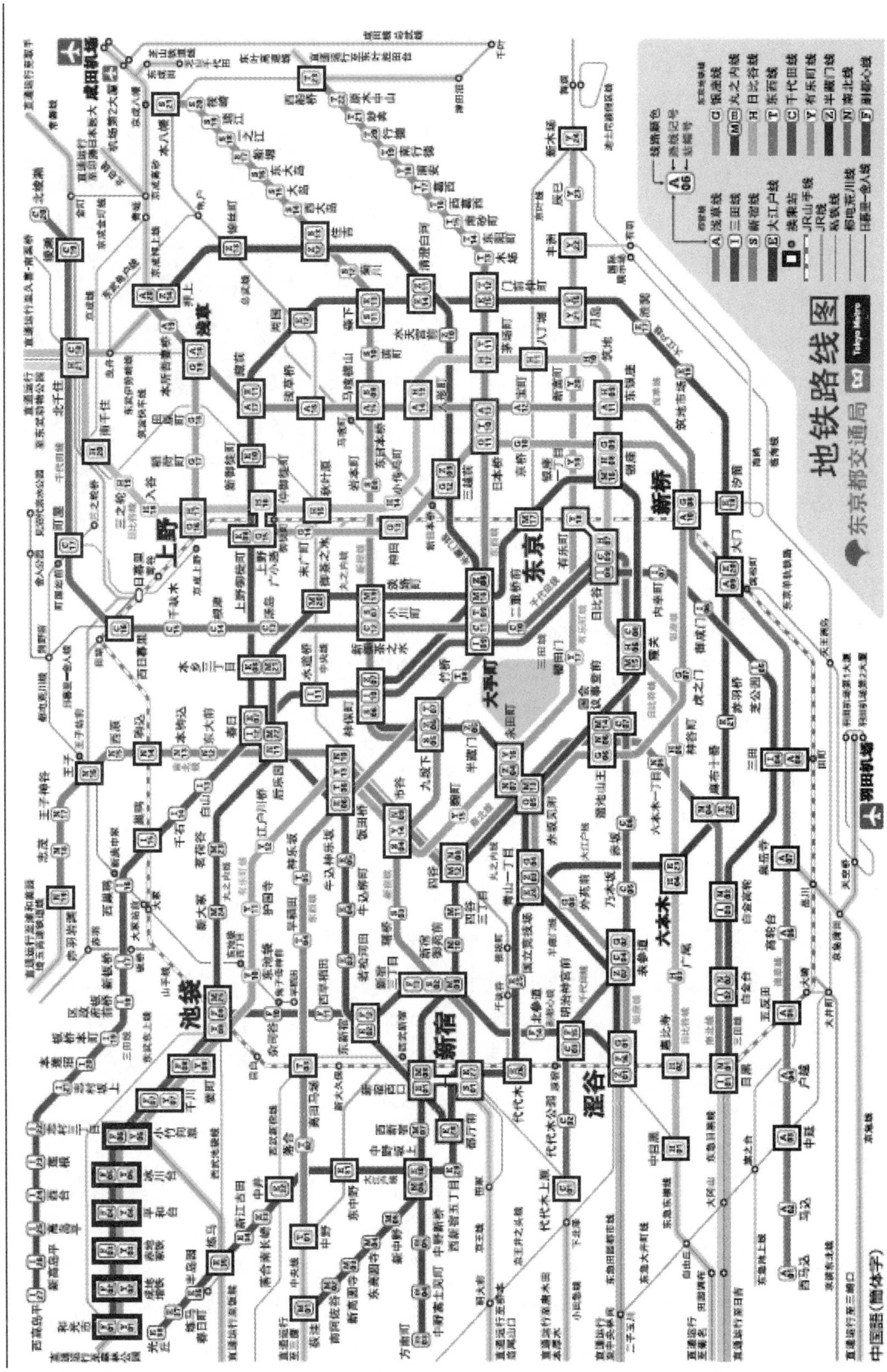

图 2－1　东京地铁线路图

本次考察的主要对象是东京地铁股份有限公司(简称东京地铁)。

东京地铁的前身为1941年9月1日依“帝都高速度交通营团法”成立的帝都高速度交通营团(又称为营团地下铁,经营的路线统称为营团线)。在此之前,原本是由最早成立的“东京地下铁道”与后来成立的“东京高速铁道”两间公司,各自兴建并经营两段地下铁路线区间。由于营团地下铁被认为非战争目的而设,因此战后未遭废止,后来,新组成的东京都政府有意将地下铁全面收归都营。但当时的运输省(今国土交通省)认为,营团地下铁为国家出资,具有高度公共性的事业体,且为战后复兴所需,因此应予存续。直到2004年4月1日,才为了因行政组织改革而正式公司化并改名称为东京地铁公司(经营的路线也随之改称),并以2008年之后实现完全民营化为目标。东京地铁目前仍然由国家和东京都提供资金来源。

图2-2 位于东京上野的东京地下铁总部

2.2 考察东京地铁总调

(1)介绍直通联运

通过参观东京地下铁株式会社综合指挥所,听取总调主任和总调的介绍,我们体会最深的是在东京地铁网络化运营中采取的直通联运的运行模式。以日比谷线为例,为实现两家公司线路上的列车联运,方便乘客不必下车就可以换乘到其他线路,列车车载了两套设备,在每段线路上更换乘务员,在乘客感觉不到换乘线路的情况下,列车已经跨越线路联合运行,如图所示,日比谷线可与东急东横线直通联运,日比谷线还可与东武伊势崎线联运。在联运过程中列车可以共用车辆段停车装备。

在东京城市轨道交通路网运营中还有更多的直通运行的例子,东京地铁总运营里程195.1 km,而直通运营区间达到了440.1 km。

(2)参观调度中心大厅

在参观东京地下铁株式会社综合指挥所的调度中心大厅时,总调向我们介绍到,调度中心包括情报中心(内部与外部信息的发布)、运输指令(列车运行状况管理和突发事件时的指令处理)、车辆指令(列车运行状况和突发事件时的指令处理)、设施指令(设备运行状况、设备监视和突发事件处理)和电力指令(电力系统的维护和突发事件处理)。

指挥中心负责联络的所有相关部门如图2-3。

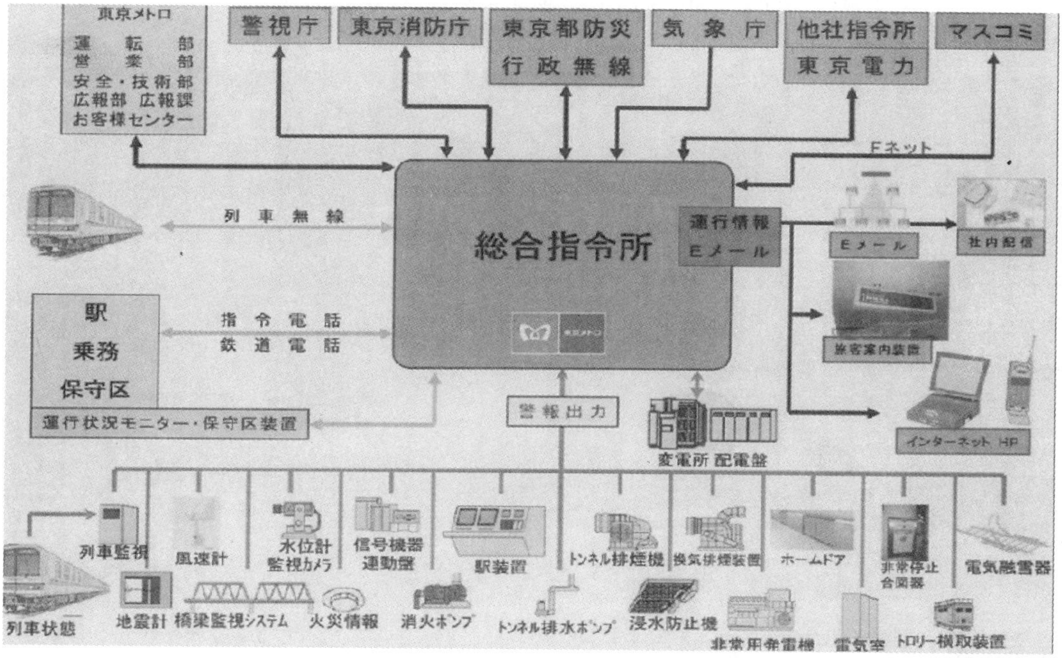

图　2－3

所有调度台都集中设在一个大房间内，相互间密切配合，掌握信息，类似于北京地铁位于小营指挥大厅的功能，线路调度岗位按照线路分别设置。而与北京不同的是，东京地铁将所有的电力、车辆、设施调度都统一集中设置。

图 2－4　综合指令所格局

在综合指令所中，有个非常关键的岗位，叫做旅客指令长，具有类似于北京轨道交通指挥中心 TCC 路网调度的职能，主要是进行路网监控、联系公交、消防等单位、与其他铁道公司协调、向上提交各类统计分析，但不包含与政府的联系。

这也是东京地铁应对网络化运营的一项重要改革措施。

图 2－5 旅客指令长岗位

2.3 参观东京地铁博物馆

1986 年 7 月 12 日建成的东京地下铁博物馆位于东京地铁东西线的葛西站。馆中收集了东京地铁修建以来的大量车辆、设备、影音资料等珍贵实物，另外还设置了许多可以实际动手操作的环节，让人可以近距离地触摸地铁。博物馆不仅是一个有趣的休闲去处，更是一个了解东京地铁发展，普及地铁知识的最佳场所。

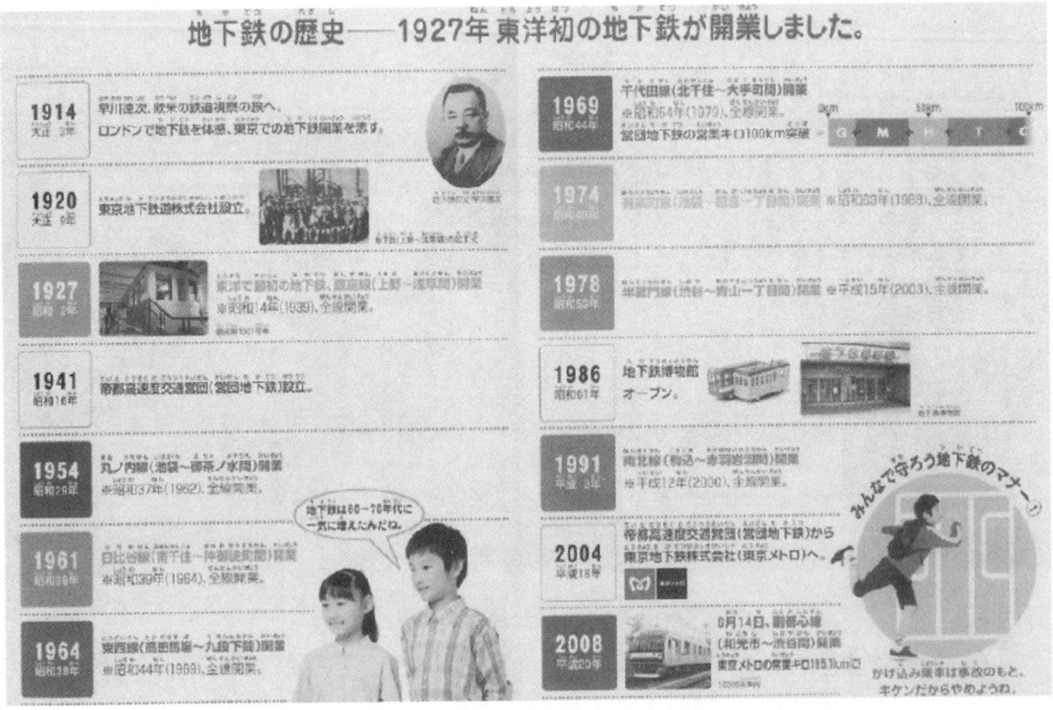

图 2－6

在参观东京地下铁博物馆中，首先馆长及副馆长等展馆负责人员向我们简单介绍了展馆的建设、展出内容和参观的路线。

从展板上我们看到了东京地铁重大的历史阶段，枯燥的历史中融入了图片说明简单明了，容易吸引孩子的注意力，达到知识传播和了解地铁的目的，使孩子从小就对神秘的地铁科学技术产生兴趣，通过展览所进行的启蒙教育可能从社会上产生大批励志于地铁行业的高级技术人才。

地铁展览馆更多地是面向儿童，可以使儿童零距离接触地铁，了解地铁，从小就懂得安全、高效地乘坐地铁。

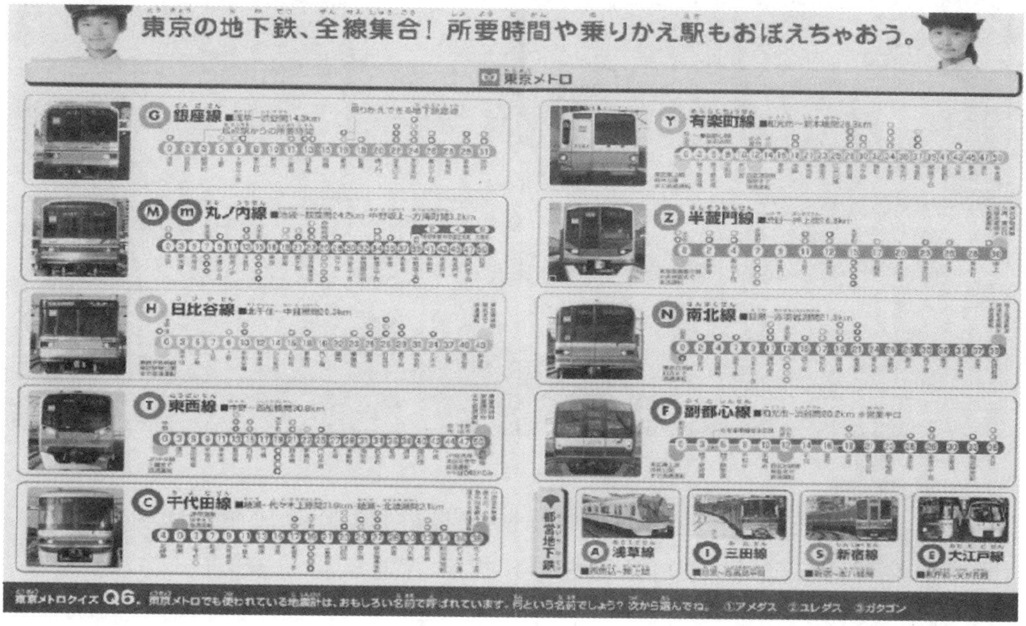

图　2－7

从实物展品中，展出了平时人们很难看到和了解到的庞大盾构机及其在地下掘进过程的说明，使参观者了解地铁的挖掘过程。

图　2－8

东京地铁展览馆中最有趣的是人与机器之间的互动。参观者在操纵台前，看到前方的大屏幕中地铁综合指挥中心调度的活动场景。令人惊奇的是那竟是实时的、真正的现场展示。参观者可以坐在台前模仿调度员，回答有关调度处理中的多项选答问题，并且立刻得到答案和解释。

图 2-9

观众还可以在模拟的驾驶室中当一回司机。体验者站在操作台前，从前方的屏幕中看着前方隧道，像是真正的司机操纵着列车启动、行进、加减速和停站。

图 2-10

在下面这个大玻璃房中,定时表演东京地铁 9 条线上运营的一天。从送电开始,列车出库、列车区间运行、车站停车,列车随着时钟在走,讲解员解说列车运行中的情况,直到太阳逐渐落山,夜间收车、断电,完成了一天的运营任务之后,表演结束。

图　2－11

图　2－12

2.4　体验东京各条地铁线路和地面线及高架线路

日本东京城市快速轨道交通分为地铁、JR(Japanese Railway,原日本国有铁路系统)、私有铁路三部分。通常,东京人把在轨道上行驶的电气化列车视为电车或城市铁路,并不严格区分地铁、国铁、私铁的概念。

我们分别体验了这些线路,下面首先介绍东京地下铁。东京地铁公司各线路的技术参数如下所述。

半藏门线自东京都涩谷区的涩谷站至墨田区的押上站,路线及车站的英文字母代号为 Z,代表色为紫色,编号为 11 号线。路线里程 16.8 km,轨距 1 067 mm,车站数 14 座,全程行车时间约 30 min,闭塞方式车内信号闭塞式(CS - ATC),电化区间全线(直流 1 500 V,架空线式)。

日比谷线自东京都足立区的北千住站至目黑区的中目黑站,路线及车站的英文字母代号为 H,代表色为银色,编号为 2 号线。路线里程 20.3 km,轨距 1 067 mm,车站数 21 座,全程行车时间约 43 min,闭塞方式车内信号闭塞式(CS - ATC),电化区间全线(直流 1 500 V,架空线式)。

丸之内线自东京都丰岛区的池袋站至杉并区的荻洼站,另外有自中野坂上站分出的支线。路线及车站的英文字母代号部分,丸之内线本线为 M,支线为 m,代表色为红色,编号为 4 号线。路线里程 24.2 km,(支线)3.2 km ,轨距 1 435 mm,车站数(本线)25 座,支线 3 座,全程行车时(本线)约 51 min,闭塞方式车内信号闭塞式(CS - ATC),电化区间全线(直流 600 V,第三轨式)。

银座线自东京都台东区的浅草站至涩谷区的涩谷站,路线及车站的英文字母代号为 G,代表色为橘色,编号为 3 号线。路线里程 14.3 km, 轨距 1 435 mm,车站数 19 座,全程行车时间约 32 min,闭塞方式车内信号闭塞式(CS - ATC),电化区间全线(直流 600V,第三轨集电式)。

东西线自东京都中野区的中野站至千叶县船桥市的西船桥站;路线及车站的英文字母代号为 T,代表色为天蓝色,编号为 5 号线。路线里程 30.8 km, 轨距1 067 mm,车站数 23 座,全程行车时间约 49min30s(快速列车约 42min50s),闭塞方式自动闭塞式(WS - ATC),电化区间全线(直流 1 500 V,架空线式)。

千代田线自东京都足立区的绫濑站至涩谷区的代代木上原站;另外绫濑站 ~ 北绫濑站段以支线模式营运,路线及车站的英文字母代号为 C,代表色为绿色,编号为 9 号线。路线里程代代木上原站 ~ 绫濑站 21.9 km 绫濑站 ~ 北绫濑站 2.1 km, 轨距 1 067mm,车站数 20 座,全程行车时间(代代木上原站—绫濑站)约 38 min,闭塞方式车内信号闭塞式(CS - ATC),电化区间全线(直流 1 500 V,架空线式)。

有乐町线自埼玉县和光市的和光市站至东京都江东区的新木场站,路线及车站的英文字母代号为 Y,代表色为金色,编号为 8 号线。路线里程 28.3 km,轨距 1 067 mm,车站数 24 座,全程行车时间约 39 min,闭塞方式车内信号闭塞式(CS - ATC),电化区间全线(直流 1 500 V,架空线式)。

南北线自东京都品川区的目黑站至北区的赤羽岩渊站，路线及车站的英文字母代号为N，代表色为翠绿色。编号为7号线。路线里程21.3 km（目黑站～白金高轮站段2.3 km与都营三田线共用），轨距1 067 mm，车站数19座，全程行车时间）约39 min，闭塞方式车内信号闭塞式（CS－ATC），电化区间全线（直流1 500 V，架空线式）。

副都心线自埼玉县和光市的和光市站至东京都涩谷区的涩谷站，路线及车站的英文字母代号为F，代表色为棕色，编号为13号线。路线里程20.2 km，其中池袋—涩谷为8.9 km，车站数16座，副都心线是现阶段东京地下铁公司所兴建的最后一条新路线，2008年6月通车。

以上线路中，东西线的运量最大，每天达到1 335万人，其次是千代田线、日比谷线、丸之内线和银座线，都达到了1 000万人以上。

另外，我们体验了日本的湘南Monorail江之岛线的单轨线路，连接湘南与神奈川县的镰仓市大船站。线路总长6.6 km，车站8座，电压1 500 V（直流），最高速度75 km/h，如下图所示。

吊挂式单轨列车的特点是，占用道路空间小，可以更好地利用道路上方的空间。列车有较大的牵引能力，具有地形适应性，适合小曲线半径和大坡道线路。因此适用在山丘地形、人口较稠密、每小时单方向运量约在2万人次左右的线路，可作为常规地铁运输方式的补充形式。

图　2－13

图　2－14

我们还体验了更多的日本JR铁路线。由于东京都圈的城市快速轨道，地铁、JR、私铁发展历史和定向布局的差异，形成了一种多层次结构。东京附近JR新干线，尽管是以长距离交通为主，但也吸附了大量上班族和学生的通勤运量。

表 2-1 东京首都圈轨道交通的层次结构

类　　型	站间距离(km)	运营速度(km/h)
地　　铁	0.5～1	30～35
普通列车(JR、私铁)	1～2	40～45
城际列车(JR) 快速列车(私铁)	5～6	50～60
新干线	30～50	120～130

据几年前的统计资料,从1970年到2000年,三十年间东京都市区人口没有明显变化,大致维持在800万人左右,而首都圈内外围人口却由1 300余万增加到2 200余万。轨道交通系统在支撑城市圈发展方面起着重要的作用。根据2005年交通状况普查资料,每天在首都圈利用交通系统进行通勤、通学的人口约为950万,其中乘坐城市快速轨道交通的占85%左右。

表 2-2 东京首都交通圈各种交通工具的客流量(百万人次)

年度	1997	1998	1999	2000	2001	2002	2003	2004
JR线	5 337	5 280	5 278	5 252	5 247	5 276	5 336	5 329
私营铁路	4 958	4 913	4 880	4 896	4 953	4 955	5 004	5 076
地铁	2 764	2 785	2 764	2 792	2 905	2 922	2 974	2 981
地面电车	40	39	39	39	39	40	40	39
公共汽车	1 939	1 872	1 800	1 769	1 695	1 673	1 653	1 635
出租/包租车	732	721	718	725	716	720	725	727
私人轿车	7 714	7 960	7 664	7 937	8 176	8 199	8 073	7 923
合　　计	23 484	23 570	23 125	23 410	23 731	23 785	23 805	23 710

日本JR铁路集团的路线包括,新干线、特急列车、急行列车、快车及慢车。乘客按照标志的颜色和列车号及车次在同一站台上可以等到多趟去往不同方向的列车。

图 2-15

2.5　考察札幌地铁

最后我们考察了日本札幌市地铁。

札幌市营地下铁是由札幌市交通局经营的地下铁。目前共有南北线、东西线、东丰线三条营运线路，札幌最繁华的车站是大通站，3 条线路都在此站停車。除了手稻区和清田区以外，札幌市地铁经过市内各区。本次考察我们主要乘坐了东西线和南北线两条线。

札幌地铁系统的新型动车组很独特。该系统使用橡胶车轮取代钢制车轮的转向架，采用中央引导轨道方式，具有减轻噪声和便于维修的特点。环保性能优于一般钢制车轮，所以也是城市轨道交通系统的一种选择。

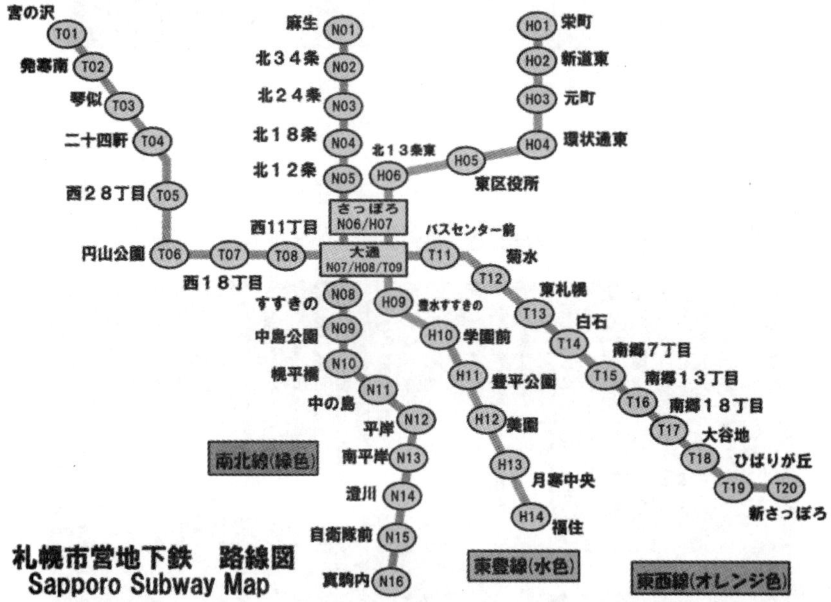

图　2－16

(1)札幌地铁东西线

东西线是札幌市营地下铁的一条路线，来往北海道札幌市西区的宫之泽和厚别区的新札幌。东西线和南北线均为札幌市营地下铁建造的路线，于 1976 年 6 月 10 日开业。经过多次延伸后，东西线现时是札幌市营地下铁距离最长和拥有最多车站的路线。路线的代表颜色为橙色，编号是 T。

东西线的正式名称为札幌市高速电车东西线，这是因为计划时预定部分路段采用高架路段建设。当时曾考虑从东札幌站以东路段在北海道旅客铁道（JR 北海道）千岁线被废除的东札幌至北广岛路段上方建设高架路段，但其后更改计划，采用现时全地下路段的走线。

图 2－17 东西线列车

(2)札幌地铁南北线

南北线是札幌市营地下铁的首条路线,来往北海道札幌市北区的麻生和南区的真驹内。路线的代表颜色为绿色,编号是 N。

图 2－18 南北线列车

南北线的正式名称为“札幌市高速电车南北线”,这是因为初期计划时,中岛公园以南路段和北 12 条以北路段均为高架路段,但其后更改计划,现在全线大部分均为地下路段,只有平岸至真驹内路段为高架路段。

为了节省建筑成本,南北线平岸至真驹内路段在原定山溪铁道的路线建设高架路段而成。为了防止冬季大雪影响南北线的营运和避免沿线居民受噪音骚扰,所有高架路段均安装铝合金制屏障,为世界上首次采用的设计,并成为札幌市营地下铁的特征。在决定安装屏障前,札幌市交通局曾考虑开发除雪用车辆和在轨道上加装发热线以溶解积雪。

3　考察体会

(1)进(出)地铁站。

在东京都心区,基本只要找到进入地下的地方,下去后就可以通到地铁站,所以一个车站(特别是换乘站)可能会有 40 甚至 60 多个出入口。各种标志内容和形式非常丰富,也非常好识别。

图 3－1　三越百货地下铁通道

(2)购票与进站

东京地铁(几乎所有铁道交通)都是采用自动售票机售票,进闸机进站,由于线路繁多,每个车站均有大型指示牌提示需购的票价金额。

(3)站台

新建线路的站台都较宽,旧线站台相对较窄。

由于地形限制的原因,东京很多地铁站是设计成曲线型,从设计和使用来说,这样的车站是不合理的,但是东京地铁还是克服了困难,从利用方便性上下功夫,因地形设置了车站。

东京地铁所有的曲线车站站台都相对较宽,并且尽量减少台柱的设计,扩大视野。站台上的设施很丰富,有饮水处,报警设备、信息设备、电话、信息显示看板,很多车站还有贩卖点,但是所有的车站站台都不设卫生间。

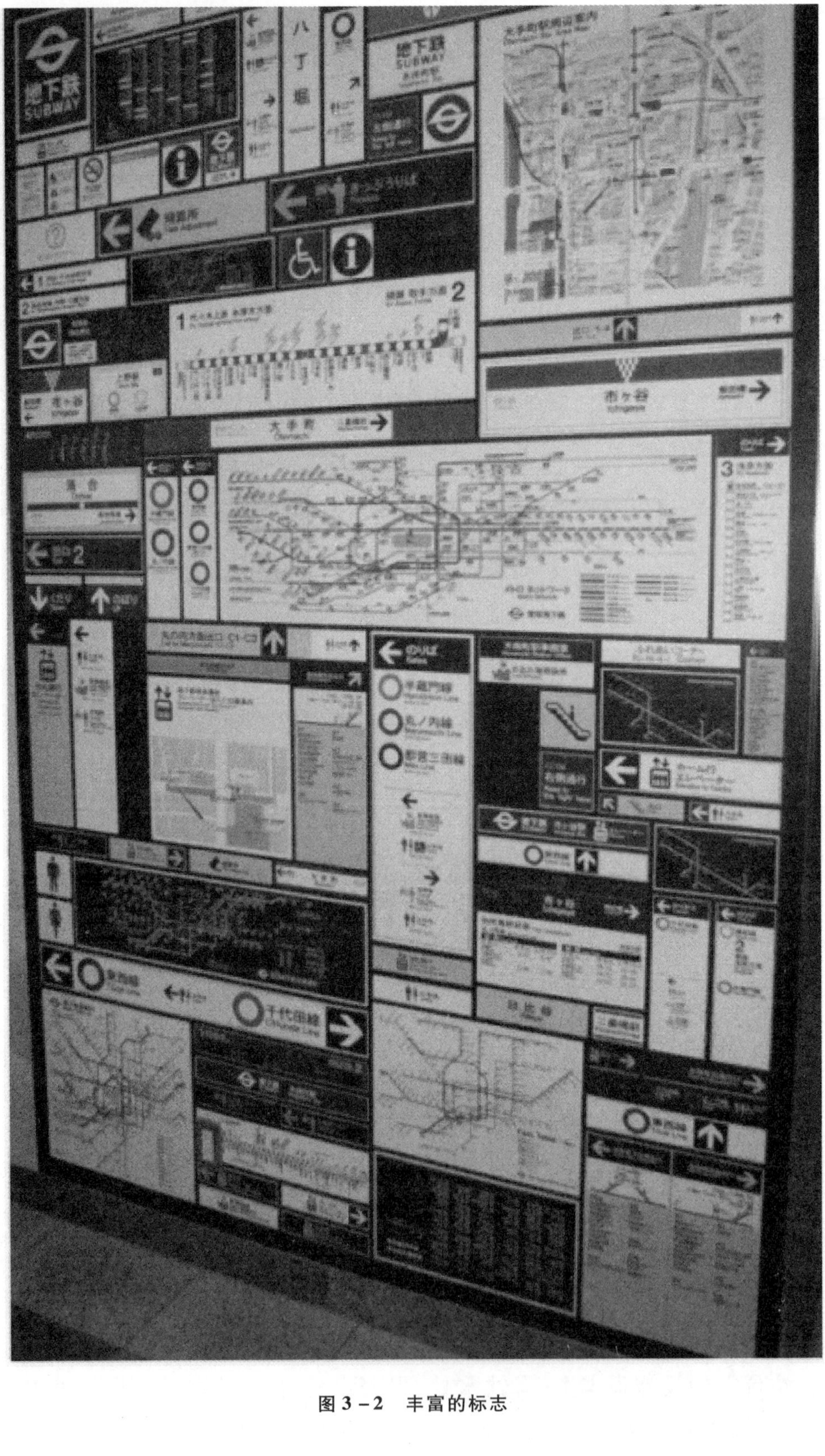

图 3－2　丰富的标志

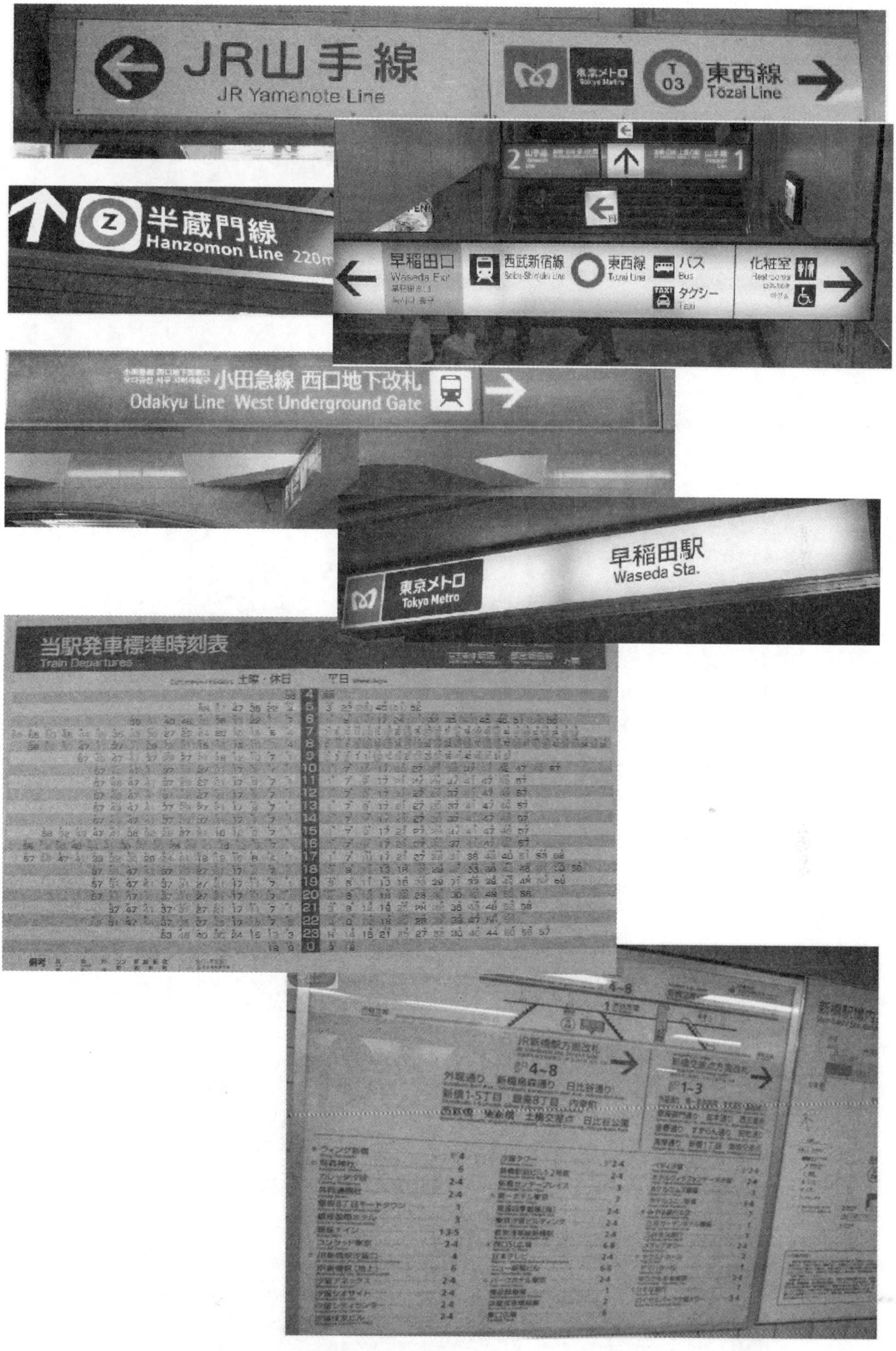
JR山手線
JR Yamanote Line
東京メトロ
T 03
東西線
Tōzai Line
半蔵門線
Hanzomon Line 220m
早稲田口
Waseda Exit
西武新宿線
東西線
バス
Bus
タクシー
Taxi
化粧室
小田急線 西口地下改札
Odakyu Line West Underground Gate
東京メトロ
Tokyo Metro
早稲田駅
Waseda Sta.
当駅発車標準時刻表
Train Departures
土曜・休日
平日
4-8
1-3

地铁内各类标志

图 3-3

图 3－4　运价表

图 3－5　陈旧但是非常好用的自动售票机

图 3－6　闸机

图 3－7　新宿站站台(副都心线)

图 3－8　弯曲的车站

图 3－9　站台报警和信息设备

车站安装站台门或者半高度站台门，使站台的很大部分可以充分利用，在有些车站，车门与站台间安装自动踏板，与半高度站台门配合使用，减少乘客失足踏入缝隙的可能。

值得一提的是，东京地铁的信息显示看板非常值得称赞，信息详细，标志清楚，非常实用。包括站名、换乘站、时刻表、地理位置图、每节车厢对应位置（距离目的地最近或者最方便的车厢乘坐位置）等。

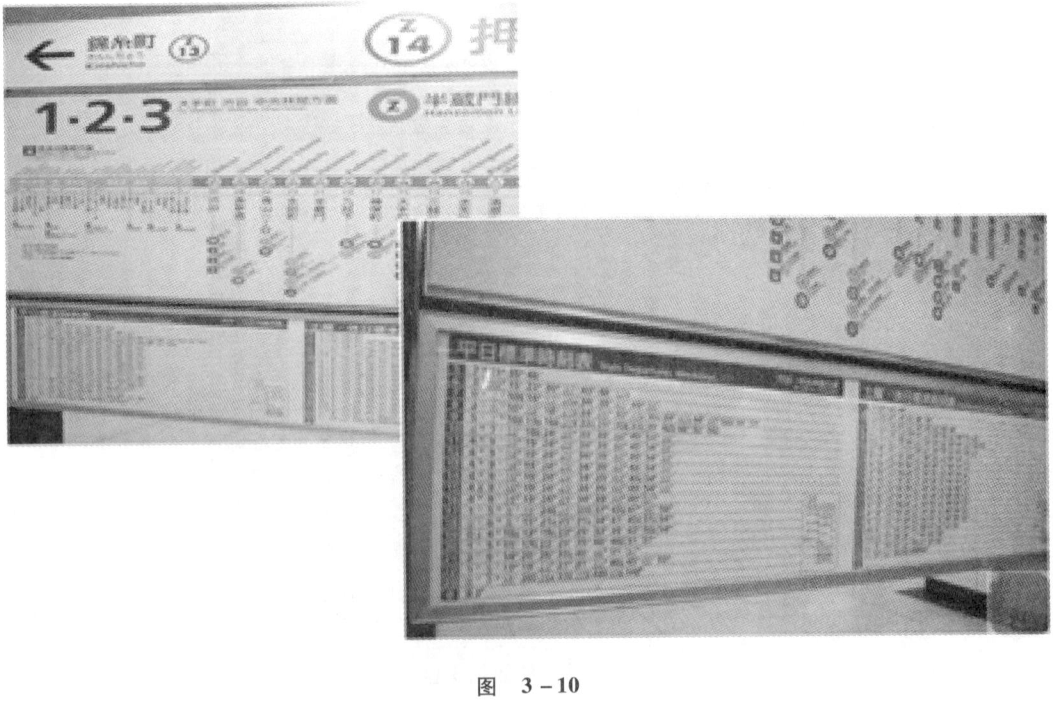

图　3－10

每站都有多处这样的看板，站厅也在醒目位置放置，特别是换乘站，包含此内容的免费小册子也很多，对于初次使用东京地铁的人来说，非常方便。

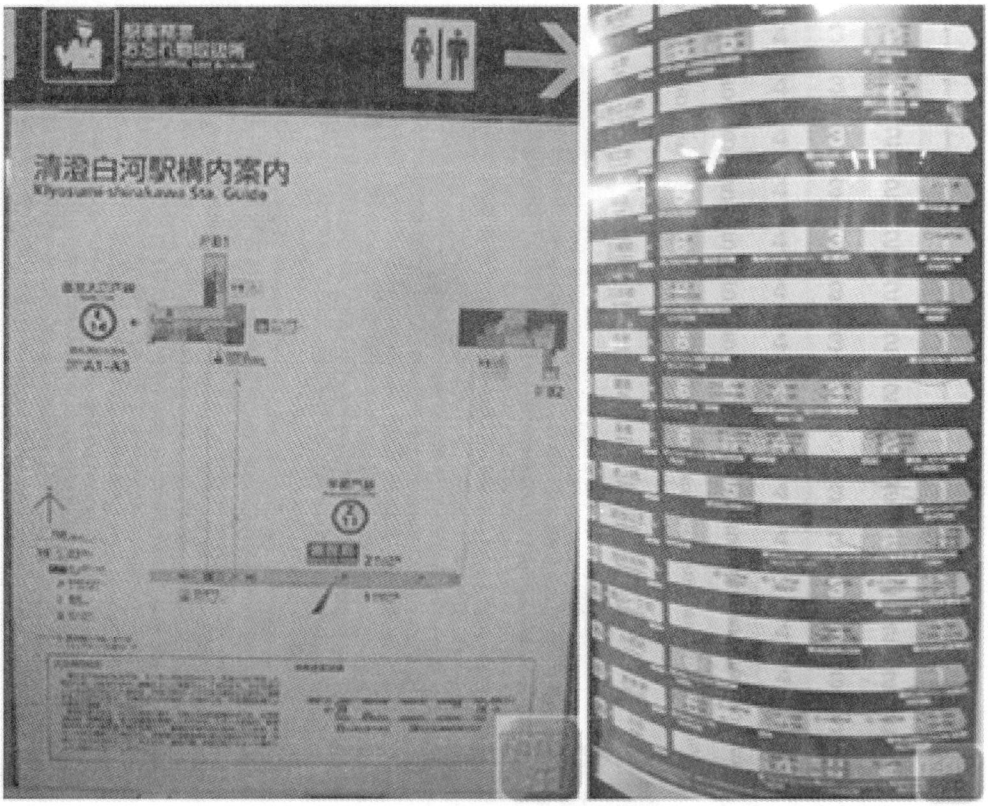

图 3－11　站台各类信息显示看板

（4）车辆

东京地铁不同线路的列车，都有唯一的颜色进行区别。列车装备差别较大，但是列车设备非常完备，车厢非常整洁，车内广告很多。

表　3－1

东京现在营运车辆
6000 系（千代田线）
7000 系（有乐町线，副都心线）
8000 系（半藏门线）
01 系（银座线）
02 系（丸之内线）
03 系（日比谷线）
05 系（东西线）
06 系（千代田线）
07 系（有乐町线、东西线）
08 系（半藏门线）
9000 系（南北线）
10000 系（副都心线，有乐町线）

图 3－12　8000 系电车

(5)无障碍设施。

东京地铁的无障碍设施虽然并没有完全普及各个车站,但是数量比较多,功能也很完备。

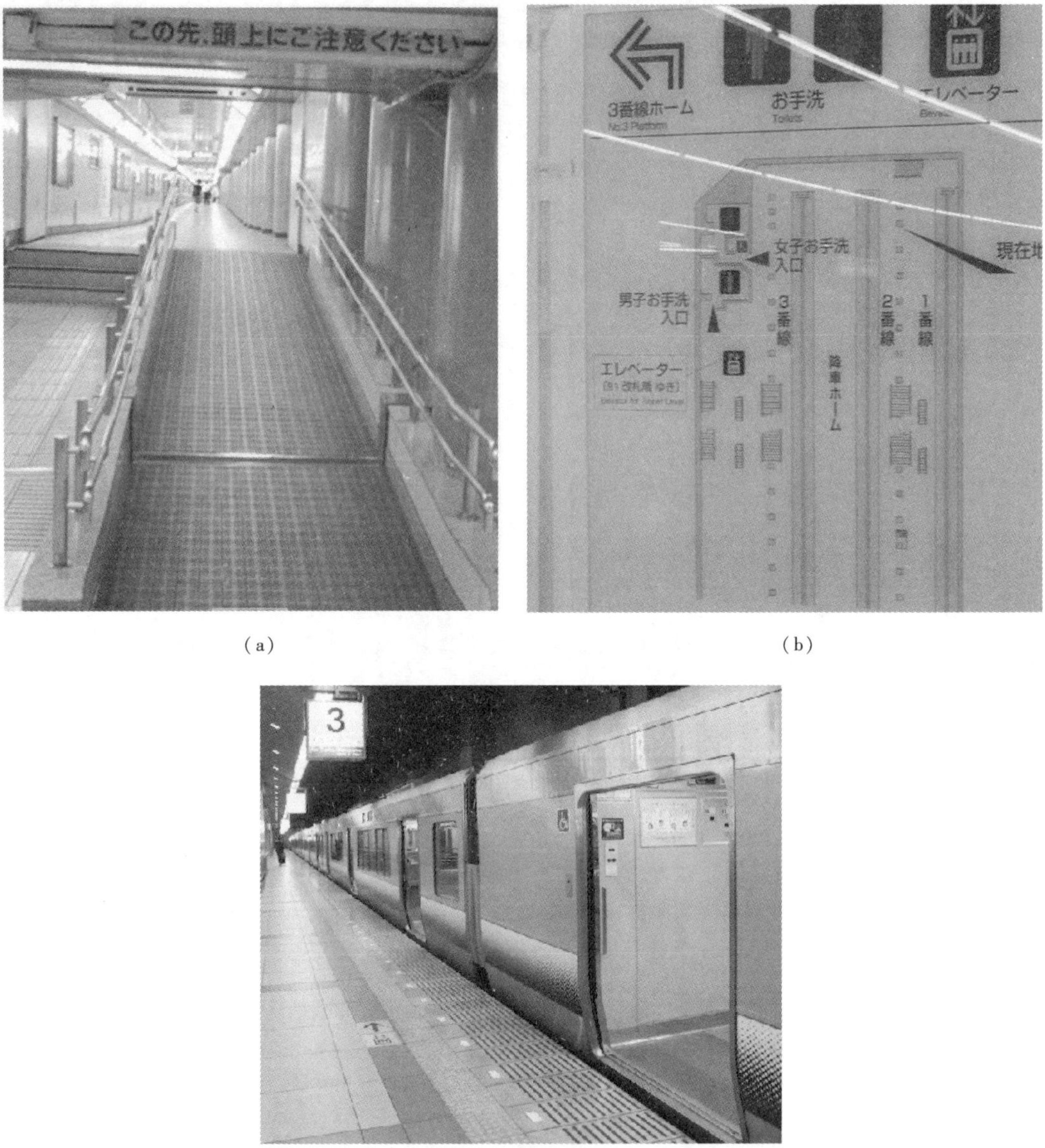

(a)

(b)

(c)

图 3-13 为轮椅进出设计的车门

(6)网络化运营高效性

对于乘客来说,利用的便利性当然是最重要的需求,东京地铁可以说已经将地铁这种便利性发挥到了极高的水平,从人们看到地铁站到走出地铁站的这一过程,在地铁的设计上都花了很多功夫。除了使用方便外,东京地铁还不断努力,提高地铁运输的高效性,比如推行周期运行图、直通运行、大站快车等等有利于提升网络化运营效率的新举措。

A. 列车周期化运营

日本 JR 基本已经实现了列车周期化运行，也就是列车在车站到发非常具有规律性，在日本地铁系统，很多线路也实现了列车的周期运行，特别是在有列车交回情况发生的线路。为了使列车周期化运行，东京地铁所有列车在平峰期间的开行间隔都是 3、4、5、6 min，均可以整除 60。这样将大大简化列车运行图编制难度，提高旅客在换乘站的换乘效率，有利于实现网络列车运行图编制工作。

图 3－14 半藏门线清澄白河时刻表(平日)

B. 直通运行

东京地铁的一个独自特色是列车在本公司与其他线路之间直通运行，这样旅客不需要换乘，也可以在较长区间旅行，大大节省了时间和出行成本。

C. 大站快车

东京地铁副都心线是新建成线路，这条线路连接了东京最繁华的商业区与学校、工作集中区域，为了提升运输效率，缩减单程列车运行时间，该线实现了快慢列车开行制度。副都心线与山手线、埼京线、湘南新宿线并行的区间(池袋站～涩谷站路段)设有急行列车服务；副都心线东新宿站亦将设置避车线。副都心线急行列车行驶于该段区间的所需时间大致与埼京线、湘南新宿线列车相同(约 11 分钟)；普通列车大致与山手线列车相同(约 16 min)。这对于在北京地铁将来如何实现大站快车开行条件具有很强的指导意义。

表 3－2 副都心线急行列车开行方案

车站编号	站名	站间(km)	累计(km)	急行	通勤急行	转乘路线	所在地	
与东武铁道东上本线直通运行至森林公园站								
F－01	和光市站	－	0	●	●	东京地下铁：有乐町线(Y－01，共享车站)	埼玉县和光市	
						东武铁道：东上本线(直通运行)		

续上表

车站编号	站名	站间(km)	累计(km)	急行	通勤急行	转乘路线	所在地	
与东武铁道东上本线直通运行至森林公园站								
F-02	地下铁成增站	2.2	2.2	｜	●	东京地下铁:有乐町线(Y-02,共享车站)	东京都	板桥区
						东武铁道:东上本线(成增站)		
F-03	地下铁赤冢站	1.4	3.6	｜	●	东京地下铁:有乐町线(Y-03,共享车站)		练马区
						东武铁道:东上本线(下赤冢站)		
F-04	平和台站	1.8	5.4	｜	●	东京地下铁:有乐町线(Y-04,共享车站)		
F-05	冰川台站	1.4	6.8	｜	●	东京地下铁:有乐町线(Y-05,共享车站)		
F-06	小竹向原站	1.5	8.3	●	●	东京地下铁:有乐町线(Y-06,共享车站)		
						西武铁道:西武有乐町线(经西武铁道西武有乐町线直通运行至池袋线饭能站)		
F-07	千川站	1	9.3	｜	｜	东京地下铁:有乐町线(Y-07)		丰岛区
F-08	要町站	1	10.3	｜	｜	东京地下铁:有乐町线(Y-08)		
F-09	池袋站	1.2	11.5	●	●	东京地下铁:丸之内线(M-25)、有乐町线(Y-09)		
						东日本旅客铁道:山手线、埼京线、湘南新宿线		
						东武铁道:东上本线		
						西武铁道:池袋线		
F-10	杂司谷站	1.8	13.3	｜	｜	东京都交通局:都电荒川线(鬼子母神前站)		
F-11	西早稻田站	1.5	14.8	｜	｜			新宿区
F-12	东新宿站	0.9	15.7	｜	｜	都营地下铁:大江户线(E-02)		
F-13	新宿三丁目站	1.1	16.8	●	●	东京地下铁:丸之内线(M-09)		
						都营地下铁:新宿线(S-02)		

续上表

车站编号	站名	站间(km)	累计(km)	急行	通勤急行	转乘路线	所在地	
与东武铁道东上本线直通运行至森林公园站								
F－14	北参道站	1.4	18.2	｜	｜			涩谷区
F－15	明治神宫前站	1.2	19.4	｜	｜	东京地下铁:千代田线(C－03)		
						东日本旅客铁道:山手线(原宿站)		
F－16	涩谷站	1	20.4	●	●	东京地下铁:银座线(G－01)、半藏门线(Z－01)		
						东日本旅客铁道:山手线、埼京线、湘南新宿线		
						东京急行电铁:东横线、田园都市线		
						京王电铁:井之头线		
预计2012年起经东横线直通运行至横滨高速铁道港未来21线元町、中华街站								

D. 积极发展与JR等其他铁道公司的关系

从图3－15可以看出,JR山手线几乎与所有的东京地铁线相连,为了充分利用与JR以及其他铁道公司换乘关系,扩大东京地铁的吸引范围,东京地铁努力推动各公司间的直通运输,共用IC卡等措施,使东京地铁与其他铁道公司共同向前发展。

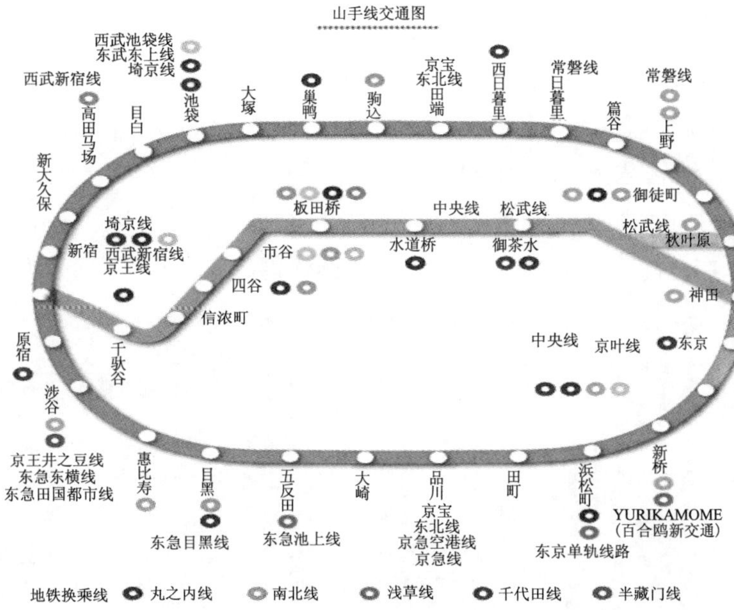

图　3－15

E. 充分利用网络资源,提高旅客服务

在东京,可以非常方便地通过网络和手机网络服务查到与地铁运行相关的所有信息,包括运营现状、营业时间、换乘路径、票价及其优惠政策等信息,乘客可以按照这些信息,自由、合理地利用地铁线网出行。

(7)安全警告

日本在地铁中的警示语很多,安全意识很强,例如在车门显著的位置上不仅标有卡通式防止夹手的警告,还可以看到有关"见到可疑物品及人员请马上报告工作人员"的警示语。其实在日本时时处处都可见到在任何设备或场合都有的友好安全警示语和设备设施的使用说明。

图　3-16

(8)开辟老幼病残孕专区

东京地铁列车的车型种类很多,但唯一不变的是总有每节车厢尽头开辟的老幼病残孕专区,不仅从座位上的标识中可以看出,还可通过扶手的颜色区分,因此在车厢中的任何部位都可清楚地看到这个专区。并且为保护这些特殊人群,在这个区域被警告不得打手机。

另外,车厢中很独特的吊环型扶手设置得有长有短,适合不同身高的乘客安全乘车。可以看出,在任何一个细节的设计中,日本地铁都确实体现了"以人为本"的理念。

图 3-17　老幼病残孕标识

(9)方向标识及上下车标识

在札幌地铁中,看到了墙上标有全方位的方向标识。这种标识比就单一一个方向的标识更人性化、乘客辨别速度更快。因为当有的乘客欲往南去,可是走到了东口,其中很多人的做法是,面对一个方向心理默默辨认“上北下南、左西右东”,再朝应该走的方向行进。

另外,在站台对面墙上的标识,不仅标有列车运行方向和指示到达车站的信息,还标有南北方向。这对在地铁中容易混淆方向的乘客很有帮助,特别是在北京地铁中,正如满意度调查时乘客曾经提到过的,希望在列车行进方向中标有“东、南、西、北”的字样。北京地铁走向多是棋盘式的直通方向,因此如果有此标识不仅更具北京特色,而且更加方便乘客,避免走错方向。

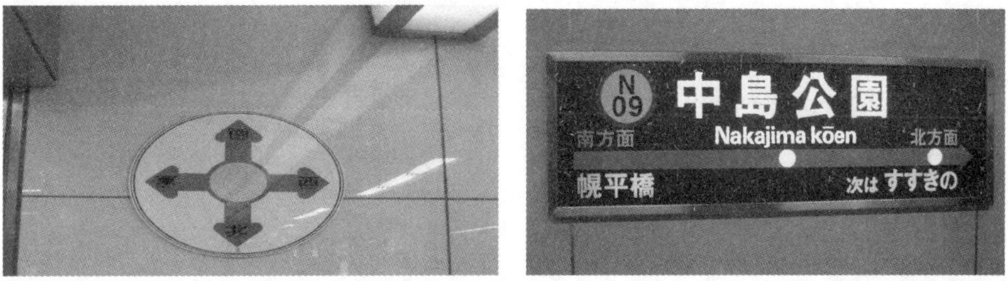

图　3－18

在东京地铁中,还注意到,也是以前日本地铁考察中多次提到的:站台对面列车行进方向的标识设置很低,不仅适合站台上等车的乘客也适合车内准备下车的乘客,尤其是在车内坐在远离站台端而靠近墙体那侧的乘客,也能够看到此标识。墙上广告很少,避免扰乱乘客视线。

图　3－19

(10)“以人为本”体现在各个方面

在访日期间,我们对日本“以人为本”的理念深有体会。如在日本公共场所都设有残疾人专用电梯，部分电梯的按钮上设置有盲文。在地铁中，针对残障人士和带小孩乘客的服务设施也十分齐全。在地铁站台还设有心脏起搏的紧急救助设施。

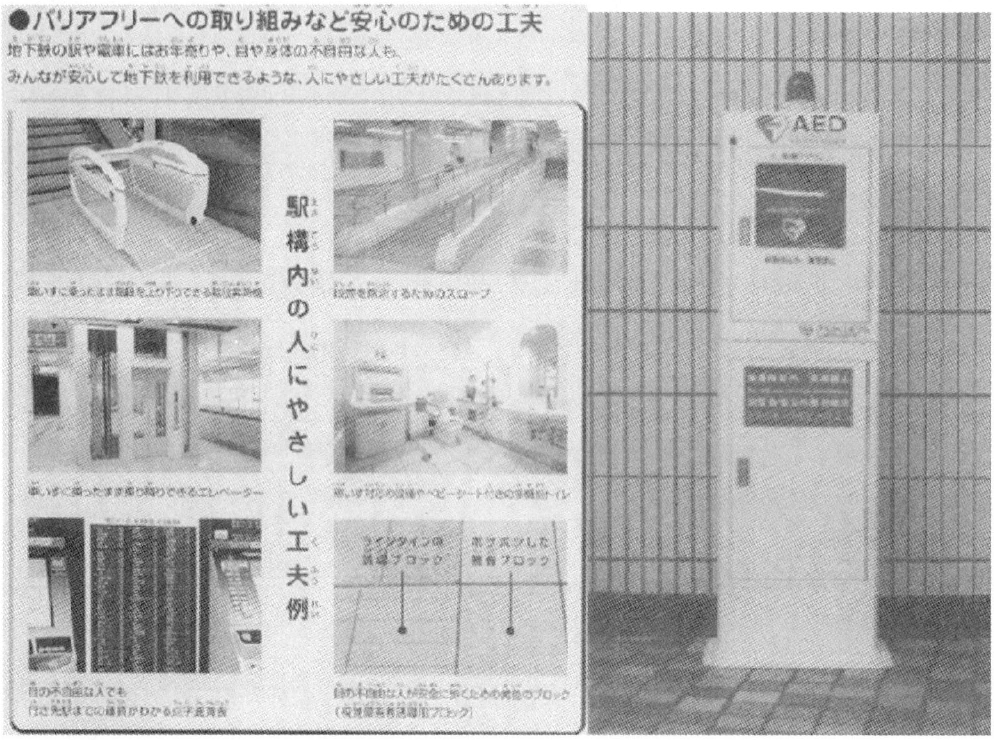

图　3－20

图　3－21

日本正在进入老龄化社会，老年人的比例越来越高，为了能够吸引更多的人乘坐地铁，便利的服务设施是最基本的需求。我们不仅在很多行业中看到老年人在工作的场景，在地铁中也能够时时看到他们匆匆的身影。由此而引发的启迪，我国老年人比例也在逐年增高，如何考虑方便的设施设备，方便老年人出行，是研究课题中的重要问题。

4　结束语

总之，此次考察获得了丰硕的成果。不仅从地铁网络化运营的专业上学到了许多先进的技术，还在人文、社会文明等方面都受到了很大的教育和启发，这将为北京的网络化运营提供许多可供借鉴的经验，将为促进北京地铁发展做出一份贡献。

后　　记

本书的编稿与校稿工作已完成,即将与读者见面。我们希望本书的出版对我国城市轨道交通网络化运营研究具有一定的借鉴价值,并希望随着本书的出版,网络化运营的研究将更趋于深入化与具体化,最终形成高效的网络化运营体系。

本书从编写到出版,凝聚了项目组所有成员辛勤的劳动。我们的项目组是一个和谐而充满凝聚力的团队,正是我们之间的这种互助、协作以及关爱,才使我们克服困难,顺利完成项目,迎来了本书的出版。在此,对参加项目的每一位成员表示感谢!谢谢大家为这个项目所做出的努力与付出。高毓才老师能够在百忙之中抽出时间阅读书稿为本书作序,并给予本书充分的肯定。在此,对您的支持深表感谢!同时,本书的出版也得到了各相关单位的支持与帮助,在此深表敬意!

由于受时间和水平所限,本书仍有错误与疏漏之处,恳请读者给予指正。

编者
2011 年 1 月 20 日

参考文献

[1] 顾保南,叶霞飞.城市轨道交通工程[M]武汉:华中科技大学出版社,2007.

[2] 赵菊静.试论我国城轨交通车辆段建设改革[J]现代城市轨道交通,2004,(1).

[3] 朱沪生.上海城市轨道交通网络化运营管理思考.2007 中国轨道交通论坛

[4] 王曰凡.城市轨道交通网络化建设中的车辆共享[J]机车电传动,2007,(5).

[5] 方昌福,张海波.深圳市轨道交通在资源共享方面的初步尝试[J]都市快轨交通,2004,(6).

[6] 周淮,朱效洁等.上海轨道交通网络化运营管理问题研究[J]城市轨道交通研究,2006,(6).

[7] 王如路.上海轨道交通形成网络化运营的特点及对策初探[J]地下工程隧道,2007,(1).

[8] 龚伟敏. 城轨换乘站自动售检票系统方案探讨[J]城市轨道交通研究,2005,(1).

[9] 龚伟敏. 城轨换乘站自动售检票系统方案探讨[J]城市轨道交通研究,2005,(1).

[10] 王富章,李平. 关于网络化 AFC 系统整合方案的研究[J]现代城市轨道交通研究,2005,(5).

[11] 高朝晖,张宁等.轨道交通清结算系统的分析与设计[J]交通运输工程与信息学报,2008, 6(2).

[12]李为为.城市轨道交通调度指挥智能集成系统研究[博士学位论文]北京:北京交通大学,2006,9.

[13]朱彦东,李旭宏.国外大都市区轨道交通网络特性及对天津的启示[J],现代城市研究,2007,(6).

[14]袁志宏.北京地铁指挥控制中心优化方案研究[J],都市快轨交通,2005,18(5).

[15] 施毓凤,杨晟,孙力彤.城市轨道交通的安全管理问题[J],城市轨道交通研究,2003,(2).

[16] 王晓保,周剑鸿,何莉君. 城市轨道交通供电系统网络资源共享及实施研究[J],地下工程与隧道,2006,(2).

[17] 赵惠祥. 城市轨道交通系统的运营安全性与可靠性研究[博士学位论文]上海:同济大学,2006,2.

[18] 丁建隆.城市轨道交通线网资源共享规划[J],都市快轨交通,2004,(5).

[19] 高洁,施其洲. 城市轨道网络抗毁可靠性定义及评价指标模型研究[J],铁道学报,2004,29(3).

[20] 范宏宇.浅析轨道交通在优化交通资源配置中的重要作用[J],铁道勘测与设计,2007(3).

[21] 方昌福,张海波.深圳市轨道交通在资源共享方面的初步尝试[J],都市快轨交通,2004,17(6).

[22] 周虎,赵时旻,杨建国等.网络化城市轨道交通车站设备监控系统研究——基于嵌入式技术的网络化解决方案[J],现代城市轨道交通,2008(1).